Kevin Steede

Die zehn goldenen Regeln guter Eltern

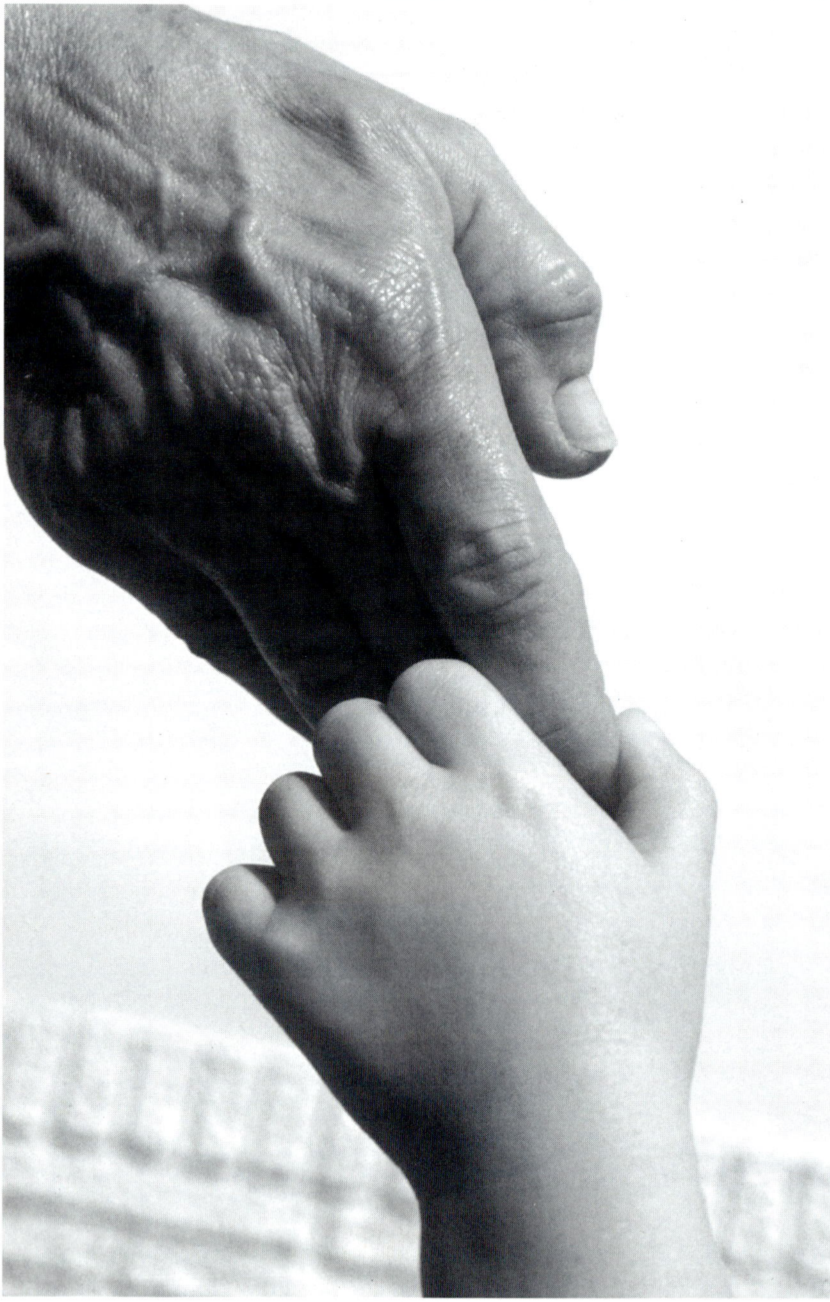

Kevin Steede

Die zehn goldenen Regeln guter Eltern

BEUST VERLAG

Die Deutsche Bibliothek – Cip-Einheitsaufnahme

Steede, Kevin:
Die zehn goldenen Regeln guter Eltern / Kevin Steede. Ill. Johannes Langemann. [Übers. aus dem Engl.: Astrid von Soosten]. – 1.Aufl. - München : Beust, 2000.
(Kids world)
Einheitssacht.: 10 most common mistakes good parents make: and how to avoid them <dt.>
ISBN 3-89530-031-4

1. Auflage Mai 2000
2. Auflage Dezember 2000

ILLUSTRATIONEN: Johannes Langemann, München
FOTOGRAFIE: Prima Publishing
ÜBERSETZUNG: Astrid von Soosten für GAIA Text, München
LEKTORAT: Claudia Magiera für GAIA Text, München
LAYOUTDESIGN, SATZ UND PRODUKTION: GAIA Text, München, Yvonne Heizinger
UMSCHLAGDESIGN: Markus Härle für GAIA Text, München
DRUCK: Offizin Andersen Nexö, Leipzig

ISBN 3-89530-031-4

Printed in Germany

Danksagung

Für meine Tochter Lindsey,
die mich unermüdlich daran erinnert,
dass jeder neue Tag Arbeit am Gesamtwerk ist

Inhalt

Regel Nummer 6

Regel Nummer 7

Regel Nummer 8

Regel Nummer 9

Regel Nummer 10

Vorwort

Über das Elternsein

Da Sie dieses Buch lesen wollen, sind Sie aller Wahrscheinlichkeit nach Eltern. Dann erlauben Sie mir die Frage: Eltern sein, was bedeutet das eigentlich? Dass man ein Kind in die Welt gesetzt hat, lautet die simpelste Antwort. Doch ist diese Definition ausreichend? Macht allein das Zeugen und Gebären Menschen zu Eltern? Ich glaube kaum.

Für mich gibt es auf der Welt keine wichtigere Aufgabe, als Eltern zu sein. Weil ich weiß, welch entscheidende Rolle Eltern im Leben ihrer Kinder spielen, habe ich mich in meinem Beruf als Psychologe auf die Arbeit mit Kindern, Jugendlichen und ihren Familien spezialisiert. Wer eine Familie gründen will, so meine feste Überzeugung, hat die Verpflichtung, seine Kinder nach bestem Vermögen mit dem Rüstzeug für ein sicheres Leben auf eigenen Beinen auszustatten. Nichts ist von größerer Bedeutung – eine Erkenntnis, die ein kluger Mensch einmal folgendermaßen auf den Punkt gebracht hat: »Erziehen Sie Ihre Kinder besser richtig, denn sie werden eines Tages Ihr Seniorenheim aussuchen.«

Die meisten Eltern sind fest gewillt, bei der Erziehung gute Arbeit zu leisten. Sie haben nicht vor, ihre Kinder zu vernachlässigen oder schlecht zu behandeln. Im Alltag jedoch werden viele Eltern so sehr von ihren Verpflichtungen in Anspruch genommen, dass die Erziehung an zweite Stelle rückt. Und oft widmen sie ihre Hauptaufmerksamkeit den Kindern leider erst dann wieder, wenn Probleme aufkommen.

Die meisten Menschen werden Ihnen wie aus der Pistole geschossen sagen können, wie ihre Karriereziele, ihre Altersversorgung und langfristige Finanzplanung aussehen, wie viele Autoraten sie noch abzuzahlen haben und wie sie, wenn sie das nötige Kleingeld hätten, ihre Küche renovieren würden. Fragen Sie sie aber, wie sie glückliche und gesunde Kinder heranzuziehen gedenken, wird man Sie ansehen, als kämen Sie von einem anderen Stern.

Viele Eltern haben sich darüber schlicht und ergreifend noch keine Gedanken gemacht. Sie wiegen sich in dem Glauben, dass sich die Kindererziehung, wenn sie ihr Leben so weiterführen wie bisher, schon irgendwie ergibt. Selbst wenn sie bitter über die Erziehungsmethoden ihrer Eltern klagen, haben sie sich nicht die Muße genommen, genau zu überlegen, wie sie ihre eigenen Kinder erziehen wollen. Sie haben sich nicht gefragt, welche Werte sie ihnen vermitteln möchten und wie die Kinder am besten ein starkes Selbstbewusstsein entwickeln können. Ebenso wenig haben sie darüber nachgedacht, wie viel Zeit sie mit den Kindern verbringen müssen und wie sie sich diese Zeit verschaffen. Erziehung spielt sich für viele in der Zeit ab, die man »übrig« hat.

Mein Beruf lässt mich täglich sehen, welche Auswirkungen es hat, wenn Mütter und Väter ihre Elternrolle als etwas ansehen, was einem zufällt. Derart beschlagen, habe ich mir stets eingebildet, gegen das »Passiv-Erziehen-Syndrom« immun zu sein. Doch wie Sie folgender Begebenheit entnehmen können, bin ich es genauso wenig wie alle anderen Eltern.

Da ich nun einmal Vater bin, verbringe ich ein Großteil meiner Zeit mit meiner Tochter Lindsey. An einem Samstag im vergangenen Jahr verpasste mir Lindsey – sie war damals zehn Jahre alt – eine ordentliche Lektion in Sachen aktive Erziehung.

Als frischgebackener Hausbesitzer (wer hier wen besitzt, ist noch nicht ganz entschieden) hatte ich einen Haufen Besorgungen zu machen. Nach der üblichen Morgenroutine machte ich mich mit Lindsey auf den Weg ins Büro, wo ein paar Schecks darauf warteten, zur Bank gebracht zu werden. Vom Autobankschalter ging es zur Reinigung, anschließend zum Heimwerkermarkt und in die Gärtnerei.

Einem hastigen Mittagessen in einem Fastfood-Lokal folgte eine Reihe weiterer Stationen: Supermarkt, Elektronikshop und Schuhgeschäft. Nach einem kurzen Zwischenstopp zu Hause ging es weiter zum Autowaschen und Tanken und in einen Buchladen.

Wieder daheim, bereitete ich das Abendessen zu, während Lindsey fernsah. Nach dem Essen verschwand Lindsey unter der Dusche. Ich reparierte ein widerspenstiges Elektrogerät, erledigte den Abwasch und eilte dann in Lindseys Zimmer.

Ich fand Lindsey lesend im Bett vor. Als ich mich neben sie setzte, blickte sie von ihrem Buch auf und sagte: »Weißt du, Papi, ich fänd's schön, wenn wir mehr Zeit gemeinsam verbringen könnten. Das fehlt mir richtig.«

Diese Bemerkung schockierte mich gründlich. Denn Lindsey hatte vollkommen Recht: Physisch hatten wir den ganzen Tag zusammen verbracht, geistig und emotional aber waren wir meilenweit voneinander entfernt gewesen. Wie so viele meiner Klienten, die sich täglich mühen, gute Eltern zu sein, war ich in die Falle getappt und hatte den Alltag wichtiger genommen als mein Kind.

Kinder müssen spüren, dass ihre Eltern das Leben aktiv mit ihnen teilen und sie nicht als unvermeidliches Anhängsel betrachten. Wenn Eltern sich diese einfache Tatsache bewusst machen, sind sie dem Ziel, ihre Kinder zu glücklichen, motivierten und unabhängigen Erwachsenen zu erziehen, einen großen Schritt näher gekommen. Ist Elternsein hingegen für sie eine Rolle, die kein Engagement verlangt, so kann es geschehen, dass ihre Kinder sich treiben lassen, vor sich hin träumen und sich nur mit sich selbst beschäftigen.

Kinder müssen spüren, dass ihre Eltern das Leben aktiv mit ihnen teilen und sie nicht als unvermeidliches Anhängsel betrachten.

Am folgenden Samstag hatte ich wiederum eine erschreckend lange Liste von Erledigungen abzuhaken. Entschlossen, die Fehler vom vorigen Wochenende nicht zu wiederholen, ging ich bewusst anders vor. Anstatt das Frühstück auf die Schnelle hinter uns zu bringen, zelebrierten wir es und nahmen es auf der Terrasse ein. Die Besorgungen blieben uns zwar nicht erspart, aber Lindsey nahm eine Kassette mit, zu der wir im Auto laut sangen. Außerdem veranstalteten wir einen Wettbewerb, bei dem es darum ging, wer die meisten VW-Käfer erspähen könne.

Danach musste ich wie am Samstag zuvor einiges reparieren, diesmal an den Stromkabeln. Aber statt Lindsey zum Spielen zu schicken, bezog ich sie in meine Arbeit ein. Es machte ihr viel Spaß, den Umgang mit dem elektrischen Schraubenzieher zu lernen, und sie war sehr stolz, ihrem Papi helfen zu können.

Nachdem alle Reparaturen erledigt waren, machten wir eine kleine Radtour durch unser Viertel. Ich staunte, welche Freude Lindsey an einer so bescheidenen Vergnügung finden konnte. Anschließend half sie mir beim Kochen und Aufräumen der Küche. Das Abendessen nahm zwar mehr Zeit als üblich in Anpruch, doch Lindsey fühlte sich einbezogen und aufgewertet.

Als sie geduscht hatte, setzten wir uns im Garten auf eine Decke. Wir versuchten, Sterne und Sternbilder zu identifizieren. Die meiste Zeit aber verbrachten wir schweigend, versunken in unsere Betrachtung des Himmels.

Dann war es allmählich Zeit, ins Bett zu gehen. Als ich Lindsey zudeckte, sagte sie: »Papi, das war einer der schönsten Tage, die ich je erlebt habe. Ich hab' dich lieb.« Sie sah nicht die Tränen, die mir in die Augen traten.

Mit der Hellsicht einer Zehnjährigen hatte meine Tochter mir (dabei soll doch ich ihr etwas beibringen) klargemacht, dass Präsenz und aktive Teilhabe den Schlüssel zu echtem Miteinander darstellen. Ich hatte lediglich mein Augenmerk verlagern müssen, um aus einem potenziell oberflächlichen und hektischen Tag ein erinnernswertes Erlebnis zu machen. Einige Dinge mochten unerledigt geblieben sein, aber das fiel nach dieser Erfahrung wirklich nicht ins Gewicht.

Führen Sie einmal ein kleines Experiment durch. Setzen Sie sich mit Ihren Kindern zusammen, und fragen Sie sie, welches ihrer Ansicht nach die wichtigsten Dinge sind, die sie von Ihnen gelernt haben. Die Antwort wird Sie wahrscheinlich überraschen. Lindseys lautete: »Zu anderen nett sein, auf mich selbst vertrauen, nichts allzu ernst nehmen und dass Käse am besten schmeckt!« Das waren drei Tore bei vier Schüssen – keine schlechte Bilanz.

Eltern sein ist kein Zustand, sondern eine Tätigkeit. Kindererziehung erfordert Handeln. Sie erfordert, dass Sie Entscheidungen darüber treffen, was Ihre Kinder über das Leben, über menschliche Beziehungen, über Ehrlichkeit und Ehre erfahren sollen. Sie verlangt, dass Sie Methoden erkunden, die Ihren Kindern helfen, ihrer Persönlichkeitsentwicklung hohen Wert beizumessen. Eltern sein bedeutet, aktiv daran zu arbeiten, dass die Kinder zu unabhängigen und verantwortungsbewussten Menschen heranwachsen.

Eltern sein ist kein Zustand, sondern eine Tätigkeit.

Ich erlebe aber auch eine nicht unerhebliche Anzahl von Müttern und Vätern, die beschlossen haben, aktiv Eltern zu sein. Diese Eltern ziehen es vor, an einer Schulaufführung teilzunehmen oder mit ihren Kindern zu spielen, anstatt den Samstag mit Arbeit oder im Golfclub zuzubringen. Es sind Eltern, die erkannt haben, dass Mutter und Vater sein die wichtigste Aufgabe ihres Lebens ist.

Verstehen Sie mich nicht falsch. Gute Eltern sein heißt nicht, dass man seine gesamte Zeit mit den Kindern verbringen muss. Viele Väter und Mütter stehen unter starkem Druck und führen ein sehr hektisches Leben. Manche sind darauf angewiesen, mehrere Jobs gleichzeitig anzunehmen, während andere nicht das Glück haben, dass ihnen ein fürsorglicher Partner tatkräftig beisteht.

Ich will vielmehr dafür plädieren, dass wir lernen, anders über Kindererziehung zu denken. Wir müssen eine Balance zwischen unserer Arbeit, unserem Bedürfnis nach Entspannung und unserer Rolle als Eltern herstellen. Wir müssen die Kindererziehung zu unserer höchsten Priorität erklären. Wir dürfen uns nicht bloß dann mit ihr beschäftigen, wenn wir gerade einmal Zeit haben.

Ich habe dieses Buch für jene Eltern geschrieben, die ihre Rolle aktiv spielen wollen. Es ist ein bewusst einfach gehaltener Ratgeber, der Eltern vor den gängigsten Fallstricken der Kindererziehung bewahren und darin unterstützen will, eine positive Einstellung und dynamische, effektive Erziehungsmethoden zu entwickeln.

Ich gehe in diesem Buch auf weit verbreitete Erziehungsprobleme ein, mit denen ich in meiner beruflichen Praxis täglich zu tun habe. In jedem Kapitel behandle ich ein Problemfeld und stelle Ihnen Lösungsstrategien vor; diese Strategien sind auf dem gesunden Menschenverstand basierende »goldene Regeln«, die sich als äußerst wirkungsvoll erwiesen haben (und Rat suchenden Eltern von Psychologen für viel Geld ans Herz gelegt werden). Am Ende eines jeden Kapitels finden Sie als Gedächtnisstütze eine Liste mit den wichtigsten Stichpunkten sowie einen Test, mit dem Sie prüfen können, ob Sie die wesentlichen Aussagen korrekt verstanden und sich eingeprägt haben.

Jeder Mensch kann eine gute Mutter, ein guter Vater sein. Sie müssen lediglich bereit sein, die Kindererziehung zu einer Priorität in Ihrem Leben zu erklären. Noch besser stehen Ihre Chancen, wenn Sie überdies einige der Strategien und Fertigkeiten, die dieses Buch beschreibt, kennen und beherrschen. Sind Sie neugierig geworden? Dann lesen Sie weiter …

Regel Nummer 1

Legen Sie keine psychologischen Tretminen aus

Wir alle wollen das Beste für unsere Kinder. Wir disziplinieren, ermutigen und beraten sie, damit sie die oftmals trügerischen Gewässer von Kindheit und Jugend erfolgreich durchschiffen. Wissentlich würden wir niemals auf eine Weise handeln, die ihnen schaden oder wehtun könnte.

In unserem Eifer, den Kindern brauchbare Werkzeuge und ein solides Wertesystem mit auf den Weg zu geben, vermitteln wir ihnen aber – oft unbewusst – gelegentlich auch weniger positive Vorstellungen. Diese können sich als »psychologische Tretminen« mit schweren Auswirkungen auf den weiteren Lebensweg unserer Kinder erweisen.

Wir alle bringen in unsere Rolle als Eltern ein Sammelsurium von persönlichen Vorlieben und Abneigungen ein, die häufig aus den Erfahrungen unserer eigenen Kindheit rühren. Viele der Prämissen, die unsere Lebenseinstellung und -weise entscheidend beeinflussen, sind positiv und vorteilhaft. Eine ganze Reihe von ihnen jedoch vermag sich negativ auf unsere Kinder auszuwirken. Um dies zu vermeiden, müssen wir zunächst die negativen und unproduktiven Muster erkennen, die uns und unseren Erziehungsstil prägen. Auf einige besonders populäre »Tretminen« will ich Sie in diesem Kapitel aufmerksam machen.

Tretmine Nummer 1: »Ich muss alles können.«

Dass Eltern ihre Kinder dazu anhalten, im Leben ihr Bestes zu geben, ist nur zu verständlich. Und in der Regel wünschen sie, dass die Kinder ungehindert ihre ureigenen Talente und Interessen entdecken und entfalten können. Doch trotz aller guten Absichten senden Eltern auch andere Botschaften aus.

Kinder dazu zu motivieren, dass sie ihr Bestes versuchen, ist eine Sache, ihnen den Irrglauben zu vermitteln, sie müssten stets die Besten sein, eine andere. Die Trennlinie dazwischen ist jedoch hauchfein. Wir legen eine psychologische Tretmine aus, wenn wir unsere Kinder zu Beschäftigungen zwingen, die sie wenig oder gar nicht interessieren – oder wenn wir ihnen das Gefühl geben, dass jede Leistung unter »sehr gut« gänzlich inakzeptabel ist.

Kinder dazu zu motivieren, dass sie ihr Bestes versuchen, ist eine Sache, ihnen den Irrglauben zu vermitteln, sie müssten stets die Besten sein, eine andere. Die Trennlinie dazwischen ist jedoch hauchfein.

Sobald Kinder dieses Muster verinnerlichen, beginnt ihre Selbstachtung sich abzubauen. Es ist ein Ding der Unmöglichkeit, bei allem, was man tut, die Nummer eins zu sein. Kinder, die unter dem Druck stehen, immer und überall als Beste abschneiden zu müssen, entwickeln sehr leicht das Gefühl, die Erwartungen ihrer Eltern – und letztlich auch ihre eigenen – zu enttäuschen. Viele Erwachsene, denen in ihrer Kindheit diese psychologische Tretmine eingepflanzt wurde, reagieren verärgert oder aber verunsichert und bedrückt, wenn man Forderungen an sie stellt. Denn tief in ihnen ist die Überzeugung verwurzelt, den Ansprüchen anderer grundsätzlich nicht genügen zu können.

Um dies zu vermeiden, sollten Kinder Gelegenheit erhalten, viele verschiedene Aktivitäten auszuprobieren und diejenigen, die sie interessieren, weiterzuverfolgen. Sie müssen verstehen und akzeptieren lernen, dass ein jeder Mensch sich durch spezielle Interessen und Fähigkeiten sowie eine ureigene Gewichtung von Stärken und Schwächen auszeichnet.

Einmal suchte mich eine Mutter mit ihrem Sohn und ihrer Tochter auf, weil sie meinte, mit den beiden stimme etwas nicht. Der Sohn, acht Jahre alt und recht schmächtig, zeigte kein Interesse an Sport, sondern beschäftigte sich weit lieber – und erfolgreicher – mit seinem Computer. Die Tochter dagegen begeisterte sich für Sport und umso weniger für »typisch« weibliche Betätigungen.

Die Eltern hatten eine Menge Energie aufgewendet, um den Sohn zum Sport hin- und die Tochter davon abzubringen. Ergebnis ihrer Bemühungen waren zwei unglückliche Kinder. Die beiden zweifelten schwer an sich, sobald sie auf Interessensgebieten »versagten«, die sie nicht aus freien Stücken ausgewählt, sondern die Eltern ihnen zugewiesen hatten. Ich gab den Eltern den Rat, die Kinder selbst ihren Weg suchen zu lassen und ihnen die Chance zu geben, den Beschäftigungen nachzugehen, für die sie Interesse und Begabung zeigten.

Ein paar Jahre später rief mich die Mutter an. Sie erzählte mir, dass ihre Tochter soeben das städtische Leichtathletikturnier gewonnen hatte. Der Sohn wiederum hatte ein Computerspiel entwickelt, dessen kommerzielle Verwertungsmöglichkeiten derzeit von einer großen Firma geprüft wurden. Die Moral von der Geschicht' lautet: Ermutigen Sie Ihre Kinder, ihren eigenen Interessen und Begabungen nachzugehen und nicht denen, die Ihnen wünschenswert erscheinen.

Dass es nur von Vorteil ist, die speziellen Talente von Kindern zu fördern, liegt eigentlich auf der Hand. Trotzdem drängen zahlreiche Eltern ihre Sprösslinge in diese oder jene bestimmte Richtung. Sie tun es aus den verschiedensten Gründen. So möchte möglicherweise ein Vater, der auf einem Gebiet herausragende Leistungen erbracht hat, in seinem Nachwuchs eine Neuausgabe seiner selbst entdecken. Oder aber er war auf einem bestimmten Gebiet eben nicht perfekt und will nun sein Unvermögen durch den Erfolg des Kindes kompensieren. Manch wohlmeinende Eltern benutzen ihr Kind als Vehikel zur Bereicherung ihres Lebens.

Lassen Sie mich ein extremes Beispiel aus meiner beruflichen Praxis anführen: Herr und Frau Davidson, beide äußerst erfolgreich und auch finanziell gut situiert, suchten meinen Rat, weil ihr zehnjähriger Sohn Ben plötzlich schlechte Noten heimbrachte. Die beiden waren ernstlich beunruhigt, versicherten aber gleichzeitig, dass Ben in der Schule keine Verhaltensauffälligkeiten zeigte. Seine Noten in Betragen waren immer sehr gut. Auch zu Hause leistete er sich für gewöhnlich keine Ausfälle, außer es handelte sich um schulische Belange. Häufig »vergaß« er, die Unterlagen für die Hausaufgaben heimzubringen. Widerstrebend nur erledigte er seine Schulaufgaben. Es gestaltete sich zunehmend schwierig, klagten die Eltern, Ben daheim an seinen Schreibtisch zu bringen.

An dieser Stelle des Berichts begann ich, diverse Erklärungen für Bens schulischen Einbruch zu erwägen. Litt er vielleicht an ADHS (Aufmerksamkeitsdefizit/Hyperaktivitäts-Störung)? War etwas in der Familie vorgefallen, das ihm emotionalen Stress bereitete? Oder litt er womöglich an einer Depression?

Um mir Klarheit zu verschaffen, stellte ich einige gezielte Fragen. Ich begann mit der schulischen Karriere: War Ben immer ein guter Schüler gewesen? Ja, bestätigten seine Eltern. Wann war ihnen aufgefallen, dass seine Leistungen nachließen? Beim letzten Zeugnis. In welchen Fächern hatten sich die Noten verschlechtert und um wie viele Punkte? Die Antwort haute mich schier um: Mit Grabesstimme teilten die Eltern mir mit, dass Bens Mathe-Leistung von 98 (aus 100 möglichen) Punkten auf 92 gefallen war!

Dieses Geständnis belegte sonnenklar, dass die Eltern Ben enorm unter Erfolgsdruck setzten. Gewiss meinte Ben, seine Eltern nie zufrieden stellen zu können, selbst wenn er noch so gut abschnitt. Und damit lag er vermutlich ganz richtig: Diese Eltern erwarteten von ihrem zehnjährigen Sohn nicht bloß gute Leistungen, sondern Perfektion!

Da Ben das Gefühl hatte, seine Eltern so oder so zu enttäuschen, begann er auf passiv aggressive Weise zu rebellieren. Aus der nur zu verständlichen Furcht heraus, es den Eltern nicht recht zu machen, versuchte er die Verantwortung für nicht vollkommen perfekte Leistungen abzuwälzen, zum Beispiel auf Faulheit oder Trotz. Lieber machte er seine Hausaufgaben gar nicht statt nicht »sehr gut« – und damit nach elterlichem Maßstab schlecht.

Es fiel ihnen zwar nicht ganz leicht, aber allmählich begannen die Davidsons zu verstehen, welchen Druck sie auf ihren Sohn ausübten. Ich empfahl ihnen, einmal in Ruhe mit Ben zu sprechen und ihm zu versichern, dass sie ihn bedingungslos liebten, gleich welche Zensuren er nach Hause brachte. Ferner sollten sie ihm sagen, dass sie ihn nicht weiterhin unter schulischen Leistungsdruck setzen, sondern auf seine Eigenverantwortlichkeit vertrauen wollten. Zugleich sollten sie Ben versprechen, ihn stets zu unterstützen, sofern er sie darum bitten würde.

Bens Eltern hielten sich an die vorgeschlagene Strategie, und siehe da: Drei Wochen später kam Ben aus der Schule und erledigte sang- und klanglos seine Aufgaben. Er zeigte sich daheim nicht mehr verstockt, und seine Noten hielten ihr hohes Niveau. Ben war ungleich zufriedener geworden und seine Selbstachtung beträchtlich gestiegen, denn er war ein guter Schüler, weil er es so wollte und nicht weil er unter Druck stand.

Eltern wie die Davidsons können das »Ich-muss-der-Beste-sein«-Muster vermeiden und das Selbstbewusstsein ihrer Kinder fördern, indem sie nicht das Ergebnis loben, sondern das Bemühen. Wer das Bemühen und weniger die Güte des Ergebnisses in den Vordergrund stellt, stärkt die Selbstachtung des Kindes und seine Motivation für künftige

Aufgaben. Halten Sie Ihr Kind dazu an, sein Bestes zu geben, und beurteilen Sie seine Leistungen danach, wie viel Mühe es sich gegeben hat.

Wer das Bemühen und weniger die Güte des Ergebnisses in den Vordergrund stellt, stärkt die Selbstachtung des Kindes und seine Motivation für künftige Aufgaben.

Tretmine Nummer 2: »Ich bin, was ich leiste.«

Diese Überzeugung ist eine enge Verwandte von Tretmine Nummer 1. Sie speist sich gleichfalls aus der elterlichen Hoffnung, dass den Kindern die Dinge, die sie anpacken, auch gelingen mögen.

Wohl alle Eltern wünschen ihren Kindern Erfolgserlebnisse und das gute Gefühl, das Erfolg uns verleiht. Allerdings ist vielen folgende Tatsache nicht bewusst: Kindern fällt es schwer, zu unterscheiden, ob sich Lob und Tadel auf ihr Handeln beziehen oder auf ihre Persönlichkeit. Anders ausgedrückt: Ein Kind kann elterliches Lob für eine bestimmte Tat als Liebeserklärung auffassen – und vice versa Tadel für ein spezielles Verhalten als Ablehnung oder Liebesentzug. Zu solchen Fehlinterpretationen neigen vor allem kleinere Kinder.

Es ist ein elementares Bedürfnis eines Kindes zu wissen, dass seine Eltern es unabhängig von aktuellen Erfolgen und Misserfolgen lieben. Kurz gesagt, meint diese so genannte »vorbehaltlose Liebe«, dass nichts auf der Welt den Verlust der elterlichen Liebe zu bewirken vermag. Vorbehaltlos liebende Eltern mögen bestimmte Verhaltensweisen eines

Kindes gutheißen oder missbilligen, aber in ihrer Liebe zu ihm schwanken sie nicht.

Wenn ich Klienten auf dieses Thema anspreche, höre ich oft spontane Versicherungen wie: »Natürlich weiß unsere Tochter, dass wir sie lieben.« Worauf ich nachfrage: »Woher weiß sie das?« Um es nochmals zu betonen: Ein Kind kann schwer unterscheiden, ob seine Eltern ärgerlich sind oder ob sie ihm weniger oder gar keine Liebe mehr entgegenbringen. Es ist Aufgabe der Eltern, den Unterschied deutlich zu machen und dem Kind zu vermitteln, dass es vorbehaltlos geliebt wird.

Es gibt verschiedene Möglichkeiten, Kindern vorbehaltlose Liebe zu bekunden. Stellen Sie so oft wie möglich klar, dass Ihr Lob und Tadel spezifischem Verhalten gelten und Ihre Liebe zum Kind nicht berühren. Insbesondere bei jüngeren Kindern empfiehlt es sich, diesen Unterschied mit Worten zu unterstreichen. Zerbricht Ihr Kind eine kostbare Vase, könnten Sie beispielsweise sagen: »Ich bin nicht böse auf dich. Ich bin bloß traurig, weil mich diese Vase schon so lange begleitet hat!«

Außerdem ist es ratsam, positive wie negative Kommentare eindeutig auf das Verhalten des Kindes und nicht auf seine Persönlichkeit zu beziehen. »Du bist so ein braver Junge«, »Heute warst du unerträglich«, derlei Urteile erziehen nicht zu besserem Benehmen, sondern führen zu Verwechslungen von Lob und Liebe. »Es freut mich, dass du ohne Aufforderung beim Geschirrspülen geholfen hast«, »Ich bin ärgerlich, weil du den Mülleimer nicht geleert hast«, solch konkrete Feedbacks sind wesentlich wirkungsvoller als pauschale Aussagen. Die Botschaft, dass Ihre Liebe nicht an die Leistungen Ihres Kindes geknüpft ist, können Sie verdeutlichen, indem Sie einfach so, ohne besonderen Anlass, Zuneigung zeigen.

Welchen Schaden Eltern anrichten können, wenn sie nicht wissen, was vorbehaltlose Liebe bedeutet, das konnte ich bei einem Basketballspiel meiner Tochter beobachten. Als ein Mädchen der Gegenpartei einer Kameradin den Ball so schlecht zuspielte, dass er im Aus landete, verlangte der

Trainer dieses Teams sofort ein Time-out. Lauthals kanzelte er die Kleine ab, die sich das sichtlich zu Herzen nahm. Im weiteren Spielverlauf wurde der Trainer auf das Mädchen zunehmend wütend. Er brüllte es quer über das Spielfeld an und beschimpfte es mit Ausdrücken wie »dumm« und »faul«. Bei Spielende würdigte er das Mädchen, das nun hemmungslos heulte, keines Blickes mehr. Dann erfuhr ich: Der Trainer war der Vater der Unglücklichen. Und nun frage ich Sie: Was assoziiert dieses Mädchen wohl mit Leistung und Erfolg? Wie mag dieses Erlebnis sich auf seine Selbstachtung ausgewirkt haben?

Wie bereits angedeutet, verunsichert es vor allem kleine Kinder, wenn elterliche Liebe Bedingungen stellt. Vor etwa einem Jahr war ich bei Nachbarn zu einer Geburtstagsparty eingeladen. Als ich eintraf, hatten die Gastgeber soeben ihren dreijährigen Sohn zu Bett gebracht. Eine gute halbe Stunde später kam der Kleine ins Wohnzimmer spaziert, in dem die Gäste plauderten, scherzten und lachten. Erzürnt bellte der Vater: »Verdammt, ich hab' dir gesagt, du sollst im Bett bleiben!« Der Kleine trat auf der Stelle den Rückzug an.

Als ich einige Minuten später die Toilette aufsuchte, stolperte ich im Flur über den Knirps. Er schluchzte in einer Ecke vor sich hin. Ich beugte mich zu ihm hinab und fragte ihn, weshalb er denn weine. Da wandte er mir schüchtern sein tränenverschmiertes Gesicht zu und fragte: »Glaubst du, mein Papi hat mich lieb?«

Diese beiden Beispiele demonstrieren lebhaft, welche Auswirkungen es hat, wenn Eltern ihren Kindern nicht das Gefühl vorbehaltloser Liebe vermitteln. Wem sie zu krass erscheinen, dem sei gesagt: Elterliche Liebe auf subtilere Art und Weise von Bedingungen abhängig zu machen schadet Kindern langfristig kaum minder.

Kinder, die sich der vorbehaltlosen Liebe ihrer Eltern sicher sein können, entwickeln eine höhere Selbstachtung. Sie ruhen mehr in sich und vertrauen auf ihre eigene Kraft. Umgekehrt sind Kinder von Eltern, die ihre Liebe an Bedingungen knüpfen, unsicherer und stärker auf Bestätigung von außen angewiesen.

Kinder, die sich der vorbehaltlosen Liebe ihrer Eltern sicher sein können, entwickeln eine höhere Selbstachtung. Sie ruhen mehr in sich und vertrauen auf ihre eigene Kraft.

Kinder, die ihr Selbstwertgefühl aus externen Quellen beziehen, sind empfänglicher für Repressalien Gleichaltriger. Viele Erwachsene, die als Kind nur bedingte Liebe erfahren haben, suchen im Beruf oder in ständig wechselnden Beziehungen verzweifelt nach Bestätigung. Sie können davon anscheinend nie genug bekommen und sind mit ihren Leistungen nie zufrieden. Tragischerweise haben sie nur gelernt, sich über ihre Leistungen zu definieren.

Ganz anders entwickeln sich Kinder, die sich in vorbehaltloser Liebe sonnen dürfen. Sie zeichnen sich durch Gelöstheit aus, durch Zuversicht und die Fähigkeit, Rückschläge ohne größeres Aufhebens einzustecken. Sie sind kontaktfreudiger und eher bereit, Neues auszuprobieren. Aus ihnen werden in der Regel Erwachsene, die mit Kritik gut umgehen können, gefestigt wirken und ihr Selbstwertgefühl mehr aus sich selbst speisen als aus anderen.

Kurz und gut: Vorbehaltlose Liebe ist eine unschätzbare Investition in unsere Kinder. Sie ist kostenlos, sie macht Spaß und sie funktioniert!

Psychologische Tretmine Nummer 3: »Negative Gefühle sind schlecht.«

Zu den gängigsten Fällen in meiner Praxis gehören Ehefrauen, die sich über die emotionale Distanziertheit ihres Mannes, und Ehemänner, die sich über die Unfähigkeit ihrer Frau beschweren, Ärger und Ablehnung in angemessener Weise auszudrücken. Bei genauerem Hinsehen zeigt sich, dass die Betroffenen ausnahmslos die Botschaft verinnerlicht haben, dass starke negative Gefühlen wie Ärger, Enttäuschung, Frustration oder Trauer nicht zum Ausdruck gebracht werden dürfen. Ergebnis einer solchen Konditionierung sind emotional gehemmte oder von Schuldgefühlen geplagte Erwachsene.

Lassen Sie uns die Beziehung von Toni und Brenda, beide Ende zwanzig und Eltern zweier Söhne, betrachten. Sie konsultierten mich, weil sie grundverschiedene Erziehungsstile vertraten. Brenda ermutigte die Söhne, ihren Gefühlen freien Lauf zu lassen. Hatten die Jungen zum Beispiel ein Baseballspiel verloren, so forderte Brenda sie auf, ihre Enttäuschung in Worte zu fassen. Waren sie dazu nicht in der Lage, so nahm sie die Kinder in den Arm, bis sie sich ausgeweint hatten.

Brendas Vorgehen brachte Toni auf die Palme. »Hör auf, die Jungen zu verhätscheln. Sie müssen lernen, es zu verkraften, wenn's mal nicht so läuft, wie sie möchten«, so oder ähnlich wies er Brenda zurecht. Zu sehen, dass seine Söhne Gefühle der »Schwäche« an den Tag legten, machte ihn wütend und erfüllte ihn sichtlich mit Abscheu.

Toni war Eigentümer einer kleinen Teppichfabrik. Den Angestellten gegenüber verhielt er sich reserviert und unpersönlich. Als seine Sekretärin durch einen Autounfall ihren kleinen Sohn verlor, machte Toni sich rar, um nicht Zeuge ihrer häufigen Gefühlsausbrüche sein zu müssen. Kein Wunder, dass Brenda sich inzwischen lieber an Freunde und Familie hielt, wenn sie ihr Herz ausschütten wollte.

Toni entstammte einer Familie, in der es nicht üblich war, Gefühle zu zeigen. Er hatte sieben Geschwister und sein Vater, ein Fabrikvorsteher, alle Hände voll zu tun, um die Familie durchzubringen. Zu Hause war Tonis Vater meist müde und gereizt. Menschliche Nähe ließ er so gut wie nicht zu, sondern verlangte strenge Disziplin. Er empfand das Leben als hart und gnadenlos. Um den Anforderungen des Lebens gewachsen zu sein, sollten seine Kinder entsprechend »hart im Nehmen« werden.

Eltern impfen Kindern die Überzeugung, negative Gefühle seien schlecht und ungehörig, oft deshalb ein, weil Gefühlsausbrüche ihnen selbst Unbehagen verschaffen. Und weil sie daher nicht als angemessenes Vorbild dienen können, übertragen sie die eigene Unfähigkeit, Gefühle auszudrücken und mit Gefühlsäußerungen umzugehen, auf ihre Kinder. Manchmal gewöhnen sie es ihren Kindern ab, Ärger, Furcht und andere Gefühle zu zeigen, indem sie den jeweiligen Gemütszustand für unangebracht oder gar null und nichtig erklären.

»Jungen weinen nicht!«, »Du darfst nicht böse auf sie sein«, solche Kommentare dienen offenkundig dazu, den normalen Ausdruck von Gefühlen zu unterbinden. Natürlich weinen Jungen, und es ist ebenso normal wie gesund, sich zu ärgern. Nicht weniger schädlich wirken subtilere, scheinbar wohlmeinende Bemerkungen wie: »Keine Sorge, du schaffst das schon.« Jede dieser Reaktionen kann dazu führen, dass das Kind seine Gefühlsregung für ungebührlich oder bedeutungslos hält.

In dem Bemühen, ihren Kindern zu helfen, verwerfen oder diskreditieren Eltern oft unbewusst die Gefühle ihrer Kinder. In diese Falle tappte Judith bei ihrer 14-jährigen Tochter Tina.

Eines Nachmittags kam Tina sichtlich erregt aus der Schule zurück:

JUDITH: »Was ist los, Schatz? Hast du dich aufgeregt?«

TINA: (Beginnt zu weinen.) »Ach, Mama, Tom hat mir gesagt, dass er nicht mehr mit mir gehen will. Er findet jetzt diese blöde Alice gut. Er hat sie sogar zu der Tanzparty im nächsten Monat eingeladen!«

JUDITH: (Legt mit einem leichten Lächeln den Arm um ihre Tochter.) »Ach, Schatz, mach dir nichts daraus. Ich konnte diesen Tom ohnehin nicht gut leiden. Außerdem findest du mit Sicherheit in null Komma nix einen anderen netten Jungen, der mit dir zum Tanzen geht.«

In ihrer Eile, Trost zu spenden, hat Judith die Botschaft ausgesandt, von einem Freund verlassen zu werden sei kein Grund für Traurigkeit. Dabei ist es eine nur allzu natürliche Reaktion, traurig zu sein, wenn man seinen Freund verliert. Judith hätte Tinas Gefühle zunächst für richtig und verständlich erklären und anschließend versuchen sollen, sie zu trösten.

Jeder Mensch durchlebt eine breite Palette von Gefühlszuständen, angenehme ebenso wie weniger erfreuliche. Starke »negative« Empfindungen wie Ärger oder Angst sind etwas durchaus Normales. Dass niemand frei davon ist, fiel mir während meines Doktorandenstudiums auf.

Im Doktorandenseminar traf ich plötzlich mit einer Gruppe von Leuten zusammen, die eines gemeinsam hatten: Sie waren überdurchschnittlich gescheit. Sie schienen stets genau zu wissen, was sie taten, und bewältigten ihren Alltag mit bewundernswerter Gelassenheit. Am kühlsten und ruhigsten wirkte Melissa auf mich. Sie nahm jede Herausforderung an, ohne mit der Wimper zu zucken. Ich dagegen fürchtete ständig, Melissa und die anderen Studenten könnten bemerken, dass ich ein Angsthase und Hochstapler war und in den akademischen Sphären vollkommen fehl am Platz.

Wie der Zufall es wollte, teilten Melissa und ich mit zwei weiteren Studenten ein Doktorandenzimmer. In der zweiten Woche unserer Zusammenarbeit fragte Melissa mich unvermittelt: »Kevin, wie schaffst du das eigentlich? Du weißt immer genau, was du tust, und lässt dich nie aus der Ruhe bringen.« Das verschlug mir glatt die Sprache! Und endlich begriff ich, dass alle Menschen mit Angst und Unsicherheit zu kämpfen haben.

Eltern sollten ihren Kindern vermitteln, dass sie fühlen dürfen, was sie wollen, und dass starke Gefühle vollkommen normal sind. Jeder Mensch hat starke Gefühle. Es mag angemessene und weniger angemessene Weisen geben, sie auszudrücken. Sie zu empfinden aber ist normal und gesund. Je besser Kinder mit ihren Emotionen umgehen lernen, desto offener und verständiger werden sie sich in ihren künftigen Beziehungen verhalten.

Eltern sollten ihren Kindern vermitteln, dass sie fühlen dürfen, was sie wollen, und dass starke Gefühle vollkommen normal sind.

Psychologische Tretmine Nummer 4: »Alle müssen mich mögen.«

Julia, eine attraktive Mittzwanzigerin, erzählte mir unter Tränen von ihrem jüngsten Blind Date. Der junge Unbekannte holte sie wie vereinbart zu Hause ab – um Julia sogleich zu eröffnen, dass er leider noch etwas erledigen müsse. Im Lokal bestellte er das Essen, ohne Julia nach ihren Wünschen zu fragen, rauchte bei Tisch, ohne sie um Erlaubnis zu bitten, verbrachte viel Zeit am Mobiltelefon und den Rest des Abends damit, über sich selbst zu reden. Julia fand das Rendezvous grässlich. Recht hatte sie! Gleichwohl saß sie in Tränen aufgelöst vor mir, weil der junge Mann sie nicht angerufen hatte, um eine zweite Verabredung zu treffen. Sie fragte sich, was sie falsch gemacht hatte.

Jakob, ein anderer Klient, rief mich eines Nachmittags in heller Panik an. Atemlos schilderte er, was sich soeben im Büro zugetragen hatte. Zusammen mit einem Kollegen arbeitete Jakob an einem Projekt, das sie morgen ihrem Vorgesetzten präsentieren sollten. Heute hatte Jakob bemerkt, dass ein Teil des Berichts, den sein Kollege hatte abfassen sollen, nicht erledigt war. Als er seinen Kollegen darauf ansprach, wurde dieser wütend und schnauzte ihn an. Obwohl Jakob eindeutig im Recht war, wurde er unsicher und bereute sein Vorgehen. Wenn sein Kollege derart in Rage geraten war, dann hatte fraglos er, Jakob, einen Fehler begangen.

Diese zwei Begebenheiten haben eine Gemeinsamkeit. Sowohl Julia wie auch Jakob waren auf Selbstbestätigung durch einen Dritten angewiesen. Ihr Bedürfnis nach äußerer Anerkennung war dermaßen stark, dass Ablehnung sie an sich selbst, an ihren Motiven, Eindrücken und Verhaltensweisen, zweifeln ließ. Julia und Jakob sind auf andere angewiesen, um mit sich selbst zufrieden zu sein.

Im Kindesalter wird uns beigebracht, dass man versuchen muss, mit anderen Menschen auszukommen. Das ist gut und richtig so. Man signalisiert uns deutlich, dass wir uns dem Willen unserer Eltern, Lehrer und anderer Autoritätspersonen fügen sollen. Wir werden angehalten, harmonisch mit Gleichaltrigen zu spielen und Konflikte nach Kräfen zu vermeiden.

Auf diese Weise werden in unserer Gesellschaft vor allem Mädchen konditioniert. Trotz des Bemühens, geschlechtsspezifische Rollenstereotypen zu vermeiden, sind die Signale, die Jungen und Mädchen erhalten, nicht identisch. Jungen werden weiterhin nachdrücklicher zu Wettbewerb und Höchstleistungen angespornt als Mädchen. Bei Mädchen wiederum werden stärker Eigenschaften wie Charme und Fürsorglichkeit gefördert; das tun selbst Eltern, die Wert darauf legen, keine geschlechtsspezifischen Unterscheidungen zu machen.

Wo liegt nun der Hase im Pfeffer? Ist es nicht in Ordnung, dass Kinder lernen, nett zu sein? Sollen wir etwa nicht darauf achten, dass sie mit anderen Menschen gut auskommen?

Natürlich sollen wir das. Es ist wichtig, Kindern beizubringen, wie man gut mit Menschen umgeht und dass man sich Autoritäten beugen muss, wenn es nötig ist. Doch dürfen wir an diesem Punkt nicht Halt machen. Vielmehr müssen wir unseren Kindern begreiflich machen, dass Entgegenkommen zwar notwendig ist, Konflikte aber ebenfalls unvermeidlich und normal sind. Des Weiteren müssen unsere Kinder lernen, ihre Gefühle angemessen und furchtlos auszudrücken.

Kinder, die im Glauben aufwachsen, jedem gefallen zu müssen, werden von Selbstzweifeln und Ängsten geplagt. Ihr Selbstwertgefühl ist der Willkür anderer ausgeliefert: Wenn du mich magst, dann bin ich in Ordnung, wenn nicht, dann ist etwas faul mit mir. Kinder und genauso Erwachsene, die ihren Selbstwert ausschließlich nach den Meinungen anderer bemessen, werden leicht Opfer von Missbrauch, Repressalien und anderen Arten von Ausnutzung und Abhängigkeit.

Diese psychologische Tretmine lässt sich umgehen, wenn wir unseren Kindern begreiflich machen, dass sie weder allen gefallen können noch sollen. Kinder sollten wissen, dass ein gewisses Maß an Konflikten unvermeidlich ist. Sie müssen lernen, andere Meinungen auf jeden Fall anzuhören, aber bei ihrem Standpunkt zu bleiben, wenn sie von seiner Richtigkeit überzeugt sind.

Kinder sollten wissen, dass ein gewisses Maß an Konflikten unvermeidlich ist. Sie müssen lernen, andere Meinungen auf jeden Fall anzuhören, aber bei ihrem Standpunkt zu bleiben, wenn sie von seiner Richtigkeit überzeugt sind.

Wir sollten Kindern erlauben, gelegentlich Meinungen zu vertreten, die von den unseren abweichen. Dies vermittelt den Kindern das Gefühl, dass ihre Emotionen und Wünsche auch dann ernst genommen werden, wenn sie nicht mit unseren übereinstimmen. Mein Freund Chris hat diese Erkenntnis neulich geradezu mustergültig in die Tat umgesetzt:

Eines Tages bat Arndt, der elfjährige Sohn von Chris, um die Erlaubnis, sich ein Trampolin anzuschaffen. Trampolins waren in Arndts Clique gerade ultimativ in, und mehrere Freunde besaßen bereits eines.

Arndt hatte das nötige Geld zusammengespart. Trotzdem zögerte Chris. Er fürchtete, Arndt könnte nur kurze Zeit Freude am Trampolin finden und dann bedauern, sein ganzes Geld dafür ausgegeben zu haben. Er setzte Arndt seine Überlegung auseinander, doch der Junge hielt an seinem Wunsch fest.

Dann versuchte Chris es mit einem altbewährten Elterntrick: Aufschub. Aber das nutzte nichts. Nach mehreren Wochen war Arndt fester entschlossen denn je. Er erledigte sogar Sonderarbeiten im Haus, um noch mehr Geld auf die Kante zu bringen.

Schließlich gab Chris nach. Er erklärte sich bereit, mit Arndt zum Einkaufen in ein Sportgeschäft zu fahren. Arndt blickte ihn forschend an und fragte: »So, findest du es nun auch gut, dass ich mir ein Trampolin kaufe?« Chris antwortete klug: »Nein, mein Junge, meine Meinung hat sich nicht geändert. Aber dir scheint sehr viel daran zu liegen, deswegen überlasse ich die Entscheidung dir.«

Dadurch, dass Chris in dieser nicht weltbewegenden Angelegenheit seinen Sohn entscheiden ließ, vermittelte er Arndt das Gefühl, dass man seine Meinung achtete. Mit diesem weisen Schritt war Chris seinem Ziel, Arndt zu einem selbstsicheren, unabhängigen Erwachsenen zu erziehen, ein gewaltiges Stück näher gekommen.

In dem Maße, in dem wir unsere Kinder ermutigen, zu ihren Überzeugungen zu stehen, selbst wenn andere sie nicht teilen, stärken wir ihre Widerstandskraft gegenüber Gruppenzwängen und Repressalien. Wer gelernt hat, seine Meinung zu vertreten, dem fällt das Neinsagen leichter, etwa wenn Freunde ihn auffordern, einen Joint mitzurauchen. Und ein selbstbewusstes Mädchen mit Durchsetzungsvermögen wird sich auf Sex erst einlassen, wenn es sich reif genug fühlt.

Psychologische Tretmine Nummer 5: »Man darf keine Fehler machen und sich nicht helfen lassen.«

Folgendes Lehrstück zum Thema Umgang mit Fehlern spielte sich in meiner Kindheit ab, und zwar mit schöner

Regelmäßigkeit an unserem Esstisch, wenn eines von uns Kindern ein Glas Milch umstieß. Dann sprang mein Stiefvater, ein recht strenger Mensch, wie von der Tarantel gestochen auf, brüllte den Missetäter an und beseitigte die Bescherung mit vernichtenden Blicken. Der Vorfall wurde in den Rang eines Kapitalverbrechens erhoben, und der Unglücksrabe blieb beschämt am Rand eines Tränenausbruchs zurück.

Damit wurde uns Kindern eine unmissverständliche Lektion erteilt. Sie lautete: Fehler müssen um jeden Preis vermieden und, falls sie einem doch unterlaufen, vertuscht werden.

Wahrscheinlich liegt mir deswegen so viel daran, dass meine Tochter Lindsey aus ihren Fehlern lernt. Werden Fehler nicht mit unnötigen Scham- und Schuldgefühle verknüpft, sagte und sage ich mir, liefern sie Gelegenheit, aus ihnen zu lernen. Und so wusste Lindsey schon sehr früh, wo die Küchenkrepprolle zu finden war und wie sie sich ein neues Glas Milch einschenken konnte.

Fehler machen ist menschlich, und an dieser Tatsache wird sich so bald kaum etwas ändern. Wenn Kinder wissen, dass Fehler menschlich und unvermeidlich sind, haben sie weniger Mühe, sich selbst zu akzeptieren. Die Erkenntnis, dass das Leben nun einmal ein Trial-and-Error-Prozess ist, bewahrt sie davor, selbstzweiflerisch und selbstzerstörerisch die Schuld stets bei sich selbst zu suchen.

Johanna begriff die Bedeutung dieser Erkenntnis, als sie eines Abends ihre neunjährige Tochter Maja zu Bett brachte. Nachdem Maja sich hingelegt hatte, wandte sie sich zu ihrer Mutter und brach in Tränen aus. Als Johanna sie völlig überrascht fragte, was ihr fehle, platzte sie heraus: »Mami, ich bin so blöd. Ich habe heute einen Mathe-Test in den Sand gesetzt!« Ihr Gesicht war schmerzverzerrt.

Johanna legte die Arme um ihre Tochter, um sie zu beruhigen. Nach und nach erfuhr sie die Geschichte. Maja, ansonsten eine Einserkandidatin, hatte versehentlich den falschen Stoff gelernt. Deswegen war sie mit dem Test nicht zurande gekommen.

Johanna verhielt sich klug: Statt Maja Schusseligkeit vorzuwerfen, beschwichtigte sie sie und sagte, dass allen Menschen Fehler unterlaufen. Dann fragte sie Maja, was sie ihrer Meinung nach tun könne, um nicht mehr in eine solche Situation zu geraten. Gemeinsam mit Johanna beschloss Maja schließlich, in Zukunft weniger zu quasseln und besser auf die Aufgabenstellungen zu achten. Danach kuschelte sie sich unendlich erleichtert in ihre Decke.

Beim Verlassen des Zimmers fragte Johanna noch: »Was meinst du, wie du abgeschnitten hättest, wenn der Stoff an die Reihe gekommen wäre, auf den du dich vorbereitet hattest?« »Ich hätte natürlich eine Eins geschafft«, tönte es aus den Kissen hervor.

Indem sie herausstellte, dass man mit Fehlern rechnen muss, aber aus ihnen lernen kann, bereitete Johanna Maja auf einen gesunden Umgang mit künftigen Enttäuschungen und Fehlschlägen vor. Das half Maja, ihre nur allzu menschliche Fehlbarkeit zu akzeptieren und deren Nützlichkeit zu erkennen. Und es befreite Maja von falschen Schuldgefühlen und hob ihre Selbstachtung.

Eng verwandt mit dem Fehlerlosigkeits-Begriff ist die Auffassung, es sei ein Zeichen von Schwäche und Inkompetenz, andere um Hilfe zu bitten. Im Streben, unsere Kinder zu eigenständigen Erwachsenen heranzuziehen, laufen wir Gefahr, unbeabsichtigt eine psychologische Tretmine auszulegen, die da lautet: »Ich muss alles selber machen.«

In einer Welt aber, die so herrlich kompliziert ist wie die unsrige, haben Menschen, die vollkommen ohne fremde Hilfe auskommen, Seltenheitswert. Mein jüngerer Bruder zum Beispiel betreibt mehrere Restaurants und Nachtclubs. Einmal unterhielt ich mich mit ihm über die bevorstehende Eröffnung eines Restaurants. Erstaunt erfuhr ich, wie viele Details dabei zu beachten sind. Unzählige Genehmigungen, Lizenzen, Vereinbarungen mit Lieferanten und Personal waren nötig, Berge von Papierkram mussten erledigt, Kapital beschafft, die Baumaßnahmen überwacht werden … die Liste, die mein Bruder herunterbetete, nahm kein Ende. Irgendwann fiel ich ihm ins Wort und fragte: »Wie kannst du dich bloß mit all dem auskennen? Das kann doch kein Mensch überschauen!« Er schaute mich leicht verwundert an und sagte: »Natürlich kenne ich mich nicht mit allem aus, aber ich suche mir Leute, die es tun.« Mein Bruder hatte es begriffen: Es ist eine notwendige und erlernbare Fähigkeit, seine Grenzen zu kennen und gegebenenfalls um Hilfe zu bitten.

Eltern können ihren Kindern diese Fähigkeit vermitteln, indem sie für eine Familienatmosphäre sorgen, die vom Gefühl der Geborgenheit und Hilfsbereitschaft getragen wird. Sie sollten deutlich machen, dass Fragen jederzeit willkommen sind und sie darüber nachdenken werden. »Das ist aber eine gute Frage, lass uns mal darüber nachdenken«, solche Reaktionen helfen Kindern den Rücken zu stärken sowie ihren Wissensdurst und ihre Neugierde zu fördern. Herrscht zu Hause eine vom Geist der Unterstützung geprägte Atmosphäre, dann nehmen Kinder das Gefühl von Kompetenz und Sicherheit mit hinaus in die Welt.

Herrscht zu Hause eine vom Geist der Unterstützung geprägte Atmosphäre, dann nehmen Kinder das Gefühl von Kompetenz und Sicherheit mit hinaus in die Welt.

Gedächtnisstützen

Legen Sie keine psychologischen Tretminen aus!

1 **Psychologische Tretminen sind ungesunde Botschaften, die Eltern ihren Kindern übermitteln. Sie können negative und destruktive Folgen für den Lebensweg der Kinder haben.**

2 **Fünf psychologische Tretminen, die man tunlichst vermeiden sollte:**

- »Ich muss alles können.«
- »Ich bin, was ich leiste.«
- »Negative Gefühle sind schlecht.«
- »Alle müssen mich mögen.«
- »Man darf keine Fehler machen und sich nicht helfen lassen.«

Wenn Eltern ihr Kind lehren, Situationen richtig einzuschätzen und gegebenenfalls um Hilfe zu bitten, erhöhen sie seine Erfolgschancen. Hat das Kind zum Beispiel keine Scheu davor, im Schulunterricht Fragen zu stellen, wird es bessere Noten heimbringen. Wenn es lernt, um Hilfe zu bitten, ist es im Besitz einer wertvollen Fähigkeit. Diese Fähigkeit macht es ihm möglich, aus einer Vielzahl von Quellen zu schöpfen, um gesteckte Ziele zu erreichen. Sie trägt dazu bei, dass es sich weniger isoliert und einsam fühlt, Vertrauen in sich und andere sowie das Gefühl von Kompetenz entwickelt.

Selbsttest zu Regel Nummer 1

Kreuzen Sie bei den Tests jeweils nur eine Antwort an.
Bei diesem Test sollen Sie bei den ersten fünf Aussagen herausfinden, welche psychologische Tretmine im Spiel ist. Sie können auch die Seiten mit den Tests kopieren, um nicht in das Buch zu schreiben.

1 »Das ist ja wunderbar, mein Schatz. Du hast nur Einser im Zeugnis! Ich hab dich wirklich lieb.«

- ❑ A: Ich muss alles können.
- ❑ B: Ich bin, was ich leiste.
- ❑ C: Negative Gefühle sind schlecht.
- ❑ D: Alle müssen mich mögen.
- ❑ E: Man darf keine Fehler machen und sich nicht helfen lassen.

2 »Jetzt hör mir mal zu, mein Sohn. Ich weiß, dass Klavier üben Schwerstarbeit ist, aber ich habe es lieben gelernt, und du wirst es auch.«

- ❑ A: Ich muss alles können.
- ❑ B: Ich bin, was ich leiste.
- ❑ C: Negative Gefühle sind schlecht.
- ❑ D: Alle müssen mich mögen.
- ❑ E: Man darf keine Fehler machen und sich nicht helfen lassen.

3 »Mama, Susi sagt, sie will nicht mehr mit mir spielen. Ich glaube, sie ist sauer, weil ich mit Tina gespielt habe.«
»Schatz, du musst dich bei Susi entschuldigen. Du willst doch nicht, dass sie böse auf dich ist.«

- ❑ A: Ich muss alles können.
- ❑ B: Ich bin, was ich leiste.

- ❑ C: Negative Gefühle sind schlecht.
- ❑ D: Alle müssen mich mögen.
- ❑ E: Man darf keine Fehler machen und sich nicht helfen lassen.

4 »Opa, kannst du mir helfen, dieses Modell zusammenzubauen?« »Nein, dabei kann ich dir nicht helfen. Ich habe deinen Vater seine Modelle immer allein zusammenbauen lassen und ihm so beigebracht, ein Mann zu sein.«

- ❑ A: Ich muss alles können.
- ❑ B: Ich bin, was ich leiste.
- ❑ C: Negative Gefühle sind schlecht.
- ❑ D: Alle müssen mich mögen.
- ❑ E: Man darf keine Fehler machen und sich nicht helfen lassen.

5 »Tom, jetzt sei nicht so nervös! Du wirst die Prüfung morgen schon schaffen, da bin ich sicher.«

- ❑ A: Ich muss alles können.
- ❑ B: Ich bin, was ich leiste.
- ❑ C: Negative Gefühle sind schlecht.
- ❑ D: Alle müssen mich mögen.
- ❑ E: Man darf keine Fehler machen und sich nicht helfen lassen.

6 Wie können wir es am besten vermeiden, psychologische Tretminen auszulegen?

- ❑ A: Indem wir uns mehr Anti-Kriegsfilme ansehen.
- ❑ B: Indem wir uns bemühen, unsere Kinder nur dann zu korrigieren, wenn es sich gar nicht vermeiden lässt.
- ❑ C: Indem wir psychologische Tretminen an uns selbst und unseren Erziehungsmethoden erkennen.

7 Der Begriff, der ausdrückt, dass Kinder sich der Liebe ihrer Eltern sicher sein können, was immer auch geschehen mag, lautet:

- ❑ A: Verschiebung der Werte
- ❑ B: Vorbehaltlose Liebe
- ❑ C: Unerwiderte Liebe

Auflösung des Tests zu Regel Nummer 1:

1 »Das ist ja wunderbar, mein Schatz. Du hast nur Einser im Zeugnis! Ich hab dich wirklich lieb.«

Antwort B: Diese elterliche Aussage impliziert, dass die elterliche Liebe von den schulischen Leistungen des Kindes abhängt.

2 »Jetzt hör mir mal zu, mein Sohn. Ich weiß, dass Klavier üben Schwerstarbeit ist, aber ich habe es lieben gelernt, und du wirst es auch.«

Antwort A: Dem Kind wird vermittelt, mit ihm stimme etwas nicht, wenn es keinen Spaß am Klavier spielen findet.

3 »Mama, Susi sagt, sie will nicht mehr mit mir spielen. Ich glaube, sie ist sauer, weil ich mit Tina gespielt habe.« »Schatz, du musst dich bei Susi entschuldigen. Du willst doch nicht, dass sie böse auf dich ist.«

Antwort D: Wenn Susi sauer ist, impliziert die Reaktion der Mutter, dann muss das Kind etwas falsch gemacht haben.

4 »Opa, kannst du mir helfen, dieses Modell zusammenzubauen?« »Nein, dabei kann ich dir nicht helfen. Ich habe deinen Vater seine Modelle immer allein zusammenbauen lassen und ihm so beigebracht, ein Mann zu sein.«

Antwort E: Der Großvater vermittelt seinem Enkel, er sei »kein ganzer Mann«, wenn er sich bei diesem Unternehmen helfen lässt.

5 »Tom, jetzt sei nicht so nervös! Du wirst die Prüfung morgen schon schaffen, da bin ich sicher.«

Antwort C: Tom empfängt die Botschaft, es sei nicht normal, vor einer großen Prüfung aufgeregt und ängstlich zu sein.

6 Wie können wir es am besten vermeiden, psychologische Tretminen auszulegen?

Antwort C: Wer seine eigenen irrationalen Muster erkennt, der wird verstehen, wie wichtig es ist, solche Tretminen zu vermeiden.

7 Der Begriff, der ausdrückt, dass Kinder sich der Liebe ihrer Eltern sicher sein können, was immer auch geschehen mag, lautet:

Antwort B: Vorbehaltlose Liebe. Sie vermittelt Kindern, dass sie unabhängig von ihrem jeweiligen Verhalten geschätzt und geliebt werden.

Regel Nummer 2

Fordern Sie schlechtes Benehmen nicht heraus

Alle Kinder wollen Aufmerksamkeit. Diese simple Feststellung ist eine grundlegende pädagogische Erkenntnis. Kinder blühen unter der wohlwollenden Anteilnahme ihrer Eltern auf, aber zur Not begnügen sie sich auch mit ihrer Missbilligung – Hauptsache, sie finden Aufmerksamkeit. Nichts bereitet Ihrem Kind mehr Freude als Ihr Lob, doch im Zweifelsfall lässt es lieber Ihre Schelte über sich ergehen, als völlig ignoriert zu werden. Kinder hassen es, ignoriert zu werden.

Leider lassen sich Eltern nur allzu oft so sehr vom Alltagsgeschäft einfangen, dass sie darüber vergessen, die Kinder zu loben, wenn sie etwas gut machen und keinen Kummer bereiten. Stattdessen warten sie, bis das Kind etwas falsch macht, um ihm dann jede Menge Aufmerksamkeit zu widmen. Dies bedeutet im Extremfall, dass das Kind die Aufmerksamkeit seiner Eltern nicht auf sich lenken kann, ohne aus der Rolle zu fallen.

Viele Klienten suchen meinen Rat, weil ihre Kinder sich in dieser oder jener Hinsicht ungezogen aufführen. Bei näherer Betrachtung stellt sich oft heraus, dass die Kinder es deswegen tun, weil die Eltern nur ihr Fehlverhalten registrieren. Ohne sich dessen bewusst zu sein, fördern die Eltern durch ihre einseitige Aufmerksamkeit also schlechtes Benehmen.

Die kleine Tanja stritt sich unaufhörlich mit ihrem zweijährigen Bruder. Immer wieder ermahnten die Eltern sie, den Kleinen in Ruhe zu lassen und »schön« mit ihm zu spielen. Sie redeten Tanja gut zu, sie bestraften sie, aber es blieb alles beim Alten. Mit ihrer Weisheit am Ende, schrien sie Tanja schließlich an und schickten sie in ihr Zimmer.

Tanja fühlte sich durch den kleinen Bruder zurückgesetzt. Sie war zu jung, um die sehnlich erwünschte Aufmerksamkeit ihrer Eltern verbal einzufordern. Immerhin aber wusste sie, dass sie auf sich aufmerksam machen konnte, indem sie zu ihrem Brüderchen nicht lieb war.

Wenn Eltern Kindern schlechtes Benehmen abgewöhnen wollen, müssen sie lernen, nach den positiven Verhaltensweisen der Kinder Ausschau zu halten und diese mit Zuwendung und Lob zu belohnen. Dies hört sich einfach an, ist es aber nicht: Konsequent das Positive zu sehen und zu belohnen, das bedarf einer gehörigen Portion Ausdauer und Konzentration. Nur allzu leicht verfällt man wieder in sein altes Muster, nicht »unnötig« Staub aufzuwirbeln, und geht über gutes Benehmen stillschweigend hinweg.

Eltern müssen lernen, nach den positiven Verhaltensweisen der Kinder Ausschau zu halten und diese mit Zuwendung und Lob zu belohnen. Dies hört sich einfach an, ist es aber nicht: Konsequent das Positive zu sehen und zu belohnen, das bedarf einer gehörigen Portion Ausdauer und Konzentration.

In Tanjas Fall ließ sich das Problem recht leicht lösen. Ich empfahl den Eltern, auf die Augenblicke zu achten, in denen Tanja nicht garstig zu ihrem Brüderchen war. Dann sollten sie Tanja loben und ihr zu verstehen geben, dass es sie stolz machte zu sehen, wie schön sie mit dem Kleinen spielte. Sie sollten ihr Augenmerk umlenken und sich nicht auf das problematische, sondern auf das erwünschte Wohlverhalten konzentrieren. Innerhalb einer Woche hatte sich Tanjas Benehmen maßgeblich verbessert.

Einen Teil meines Praktikums leistete ich in einer Jugendbesserungsanstalt ab. Die Jugendlichen wurden bei ihrer Aufnahme auf Stufe 1 gesetzt. Wenn sie sich an die Anstaltsregeln hielten, konnten sie es auf Stufe 2 und 3 bringen und schließlich nach Erreichen von Stufe 4 entlassen werden. Die höheren Stufen brachten mehr Privilegien wie freie Wochenenden, mehr Freizeit und Marken für den Hauskiosk ein. Als ich meinen Job antrat, tummelten sich die meisten auf den beiden unteren Stufen. Nur sehr wenige Jugendliche hatten Stufe 3 und 4 erreicht. Weshalb, das begriff ich binnen weniger Tage.

Jeden Morgen versammelte sich das Personal und diskutierte das Verhalten seiner Schützlinge vom Vortag. Die Jugendlichen wurden der Reihe nach ins Zimmer gerufen. Die Betreuer verbrachten viel Zeit mit denen, die sich Verfehlungen hatten zu Schulden kommen lassen und daher reichlich Diskussionsstoff lieferten. Wer hingegen kooperiert und sich an die Regeln gehalten hatte, wurde mit einem kurzen »Mach weiter so« hinauskomplimentiert.

Ich schlug vor, gutes Verhalten zu belohnen, indem wir mindestens so viel Zeit mit den kooperationsbereiten Jugendlichen verbrachten wie mit denen, die Schwierigkeiten bereiteten. Innerhalb von zwei Wochen war eine deutliche Wende eingetreten: 60 Prozent der Insassen hatten es auf die Stufen 3 und 4 geschafft – »nur« weil die Betreuer ihr Augenmerk von den negativen auf die positiven Verhaltensweisen verlagert hatten.

Gutes Benehmen zu belohnen ist eine Strategie, die funktioniert. Die größte Wirkung hat elterliche Anerkennung, wenn sie nicht als allgemeine Lobhudelei daherkommt, sondern sich auf ein spezifisches Verhalten bezieht. »Danke, dass du die Tür aufgemacht hast«, diese Worte richten viel mehr aus als das pauschale Lob: »Heute warst du aber wirklich ein braver Junge.«

Daniel, der zwölfjährige Sohn einer meiner Klientinnen, hatte die Angewohnheit, Ranzen, Mantel, Schuhe etc. mitten im Wohnzimmer abzuwerfen, wenn er von der Schule heimkam. Seine Mutter ermahnte ihn, schimpfte mit ihm und bestrafte ihn, alles ohne Erfolg: Ungerührt verstreute Daniel seine Klamotten im Wohnzimmer. Schließlich belohnte seine Mutter ihn mit Aufmerksamkeit, sobald er seinen Krempel da fallen ließ, wo's ihm passte.

Auf meinen Vorschlag hin begann Daniels Mutter darauf zu achten, wann der Junge seine Habe in sein Zimmer brachte. Wie in solchen Fällen üblich, waren diese Lichtblicke nur selten und in sehr großen zeitlichen Abständen zu verzeichnen, aber es gab sie. In der Zwischenzeit pflückte Daniels Mutter kommentarlos die Sachen auf und beförderte sie in die Garage, wo Daniel sie wohl oder übel morgens vor der Schule wieder einsammeln musste. Einige Tage später »ertappte« sie Daniel, als er durchs Wohnzimmer ging, ohne seine Klamotten von sich zu werfen. Sie folgte ihm in sein Zimmer, umarmte ihn und dankte ihm für seine Rücksicht. Daniels anfängliche Verwunderung machte bald einem Gefühl von Stolz und Zufriedenheit Platz. Zu wissen, dass ihm positive Aufmerksamkeit geschenkt wurde, wenn er seine Sache gut machte, hielt ihn bei der Stange. Und seine Mutter vergisst bis heute nicht, sich ab und an dafür zu bedanken, dass er seine Sachen aufräumt.

Ein anderes Sorgenkind aus meiner Klientel vergaß ständig, seine Arbeitsmaterialien von der Schule heimzubringen. Ließ der Junge nicht ein Buch oder Unterlagen für die Hausaufgaben zurück, dann gleich den ganzen Rucksack. Seine Eltern waren verständlicherweise irritiert. Sie kamen in meine Praxis mit der Erwartung, dass ich ihren Sohn einer Reihe von psychologischen Tests unterziehen würde, um der Ursache seiner Vergesslichkeit auf die Schliche zu kommen.

Ich schlug ihnen stattdessen ein kleines Experiment vor. Jedesmal wenn ihr Sohn nichts in der Schule vergaß – was anfangs sicherlich selten vorkäme –, sollten sie sein Verantwortungsbewusstsein loben und ihm sagen, dass sie auf ihn stolz seien. Sobald er zweimal hintereinander alles mitbrächte, sollten sie ihn mit etwas Greifbarem, zum Beispiel einer Einladung in die Eisdiele, belohnen. Binnen nur zwei Wochen machte der junge Mann erhebliche Fortschritte, und zwar ohne Psychotests.

Manchmal verfügt ein Kind schlicht nicht über die Fertigkeit oder die Kenntnis, die für eine bestimmte Aufgabe erforderlich sind. Wenn ein Kind nicht weiß, wie es eine Aufgabe bewerkstelligen soll, wie kann man es dann belohnen? Nun, in solchen Fällen ist es ratsam, nicht das Endergebnis abzuwarten, sondern schon kleine Schritte in die richtige Richtung zu belohnen.

Diesen Rat nahm ich mir zu Herzen, als meine Tochter Lindsey vier Jahre alt war und ich ihr beibringen wollte, ihr Bett zu machen. Zum Einstieg führte ich Lindsey die Prozedur vor. Dann schlug ich ihr vor, es anderntags einmal selbst zu versuchen. Am folgenden Morgen begutachtete ich Lindseys Werk: Sie hatte die Decke etwa zur Hälfte über das Bett gezogen. Ich lobte ihre Bemühung mit den Worten: »Das ist für das erste Mal sehr gut gelungen, mein Schatz. Ich bin stolz auf dich. Wie wär's, wenn du morgen versuchtest, die Decke über das ganze Bett zu ziehen, so ungefähr?« Und ich zeigte ihr nochmals, wie man es richtig macht. Am nächsten Morgen führte Lindsey mich stolz in ihr Zimmer, um mir ein weit besser geratenes Ergebnis zu zeigen. Abermals lobte ich sie und schlug fürs Tüpfelchen auf dem i vor, beim nächsten Mal noch das Kissen auf die Decke zu legen. Am dritten Morgen präsentierte sie mir voller Begeisterung ein perfekt gemachtes Bett. Selbstverständlich lobte ich Lindsey für die gute Arbeit und die Mühe und Ausdauer, die sie darauf verwandt hatte. Heute macht sie unaufgefordert jeden Morgen ihr Bett – und bekrittelt häufig, wie mein Bett aussieht.

Es gibt aber auch Situationen, in denen es sich empfiehlt, das Unterlassen negativen Verhaltens zu loben. Ein Kind erhält Lob also dann, wenn es ein bestimmtes unerwünschtes Benehmen nicht an den Tag legt. Hier kann ich wiederum aus meiner eigenen Erfahrung mit Lindsey berichten.

Es gibt Situationen, in denen es sich empfiehlt, das Unterlassen negativen Verhaltens zu loben. Ein Kind erhält Lob also dann, wenn es ein bestimmtes unerwünschtes Benehmen nicht an den Tag legt.

Wohl die meisten Eltern kleiner Kinder kennen das Phänomen: Immer dann, wenn sie telefonieren (wollen), werden sie von den Kindern gepiesackt wie von blutrünstigen Mücken. Lindsey bildete da keine Ausnahme. Je deutlicher ich sie aufforderte, sich bis zum Ende meines Telefongesprächs zu gedulden, desto penetranter wurde sie. Es dauerte eine Weile, aber dann begriff ich: Ich förderte Lindseys negatives Verhalten lediglich, indem ich es mit Aufmerksamkeit bedachte.

Schon bald schickte der Himmel mir ein Zeichen, dass er es gut mit geplagten Vätern wie mir meinte. Es war Abend, das Telefon klingelte, ich warf einen verstohlenen Blick auf Lindsey, die sich in einer Ecke mit Spielzeug vergnügte, nahm den Hörer ab und – welch unverhofftes Glück: Der Anrufer hatte sich verwählt. Daher war das Gespräch so kurz, dass Lindsey nicht reagieren konnte. Ich ergriff die Gelegenheit augenblicklich beim Schopf! Ich setzte mich neben Lindsey und sagte ihr, es hätte mich ungemein gefreut, ungestört telefonieren zu können. Sie war einen Moment lang überrascht. Dann aber erhellte ein zufriedenes Lächeln ihr Kindergesicht, ganz so, als wollte sie sagen: »Das habe ich gut gemacht, nicht wahr?«

Am selben Abend läutete das Telefon ein zweites Mal. Als ich mich zum Apparat begab, hörte ich Lindsey hinter mir her trapsen. Zu meiner großen Überraschung gab sie keinen Mucks von sich, sondern legte still ihren Kopf in meinen Schoß und verharrte so, während ich 45 Minuten lang (!) telefonierte. Ich hatte kaum auflegt, da hob sie den Kopf und fragte gespannt: »Papi, bist du nicht stolz auf mich? Ich hab dich kein einziges Mal unterbrochen!« Ich nahm sie auf den Arm, drückte sie fest und sagte, ich würde schier platzen vor Stolz. Ich machte viel Aufhebens um diese Glanzleistung, und nie wieder hat Lindsey mich beim Telefonieren belästigt. Ich vergesse allerdings nicht, sie bei Gelegenheit immer noch dafür zu loben, dass sie mich beim Telefonieren nicht stört.

Kindern für positives Verhalten erhöhte Aufmerksamkeit zukommen zu lassen, dies ist die effektivste Methode, wenn man erwünschtes Verhalten fördern und unerwünschtes abstellen will. Diese Strategie funktioniert, was man von ihrer Umkehrung – Kindern nur bei Missetaten Aufmerksamkeit zu schenken – nicht behaupten kann. Sie hat zudem den Vorzug, dass sie das Selbstbewusstsein, das Vertrauen und das Selbstwertgefühl des Kindes sowie seine Motivation, Ansprüchen zu genügen, steigert.

Bringt ein Kind ein Zeugnis mit vier Einsern und einer Vier heim, so haben die Eltern die Wahl, sich auf die Einser oder die Vier zu konzentrieren. Wenn sie sich hauptsächlich mit der Vier befassen, geben sie dem Kind das Gefühl, versagt zu haben und sich schämen zu müssen. Zu verstärkter Anstrengung aber motivieren sie es damit kaum.

VATER: »Lass mich mal dein Zeugnis sehen, mein Sohn.«

SOHN: (Reicht das Zeugnis hinüber.) »Okay. Schau, ich hab überall Einser, außer in Mathe.«

VATER: »Ja, aber da hast du eine Vier. Ich hab dir doch gesagt, dass du täglich ordentlich deine Hausaufgaben erledigen musst! Wenn du besser aufpassen und weniger Zeit mit deinen Videospielen verbringen würdest, dann hättest du in Mathe auch eine Eins.«

SOHN: »Aber, Papa …«

VATER: »Ich will nichts weiter hören. Ab sofort wird sich einiges ändern, angefangen damit, dass es keine Videospiele mehr gibt, bis du dich in Mathe besser machst. Hast du mich verstanden?«

SOHN: »Ja, Papa.«

Dieser Vater würde wesentlich mehr erreichen, wenn er zunächst das Bemühen und die Leistung, vier von fünf möglichen Einsern geschafft zu haben, anerkennen und dann Mathe-Nachhilfe anbieten würde. So bestärkt und motiviert, würde der Junge mit großer Wahrscheinlichkeit die Vier ausmerzen wollen (weil ja die Einser ihm so viel Aufmerksamkeit eingebracht haben) und nötigenfalls um Hilfe bitten.

VATER: »Lass mich mal dein Zeugnis sehen, mein Sohn.«

SOHN: (Reicht das Zeugnis hinüber.) »Okay. Schau, ich hab überall Einser, außer in Mathe.«

VATER: »Tatsächlich! Du hast dich also sowohl in Geschichte wie auch in Englisch verbessert. Ich bin stolz auf dich.«

SOHN: (Lächelt.) »Danke, Papa.«

VATER: »Es sieht aus, als hättest du in Mathe ein paar Probleme. Kann ich dir irgendwie helfen?«

SOHN: »Ich glaube nicht. Ich kam nicht ganz mit, als wir ungekürzte Division gelernt haben. Bei dem Thema hab ich ein paar Tests in den Sand gesetzt.«

VATER: »Glaubst du, dass du es allein in den Griff bekommst?«

SOHN: »Ich glaube schon, na ja … eigentlich bin ich nicht sicher.«

VATER: »Weißt du was? Wir setzen wir uns nächste Woche mal zusammen, und ich geb dir ein bisschen Nachhilfe. Mal sehen, vielleicht lässt die Mathe-Note sich dann verbessern.«

SOHN: (Erleichtert.) »Danke, Papa. Das wär super!«

Zuweilen ist es nicht ganz einfach, etwas Lobenswertes zu finden, besonders bei Kleinkindern. Nach einem Vortrag, den ich auf einer Schulversammlung gehalten hatte, bat mich eine Mutter um Rat: »Ich versuche gerade, meiner Tochter beizubringen, aufs Töpfchen zu gehen, aber wie um alles in der Welt kann ich sie für ein Verhalten loben, das sie gar nicht zeigt?«

Ja, ein Kind sauber zu bekommen, das kann eine schwere Herausforderung sein, pflichtete ich der genervten Mutter bei. Ich schlug ihr vor, die Tochter mitzunehmen, wenn sie selbst zur Toilette ging, die Kleine auf ihr Töpfchen zu setzen und ganz normal mit ihr weiter zu plaudern. Über kurz oder lang würde die Tochter, weil sie dem Beispiel der Mutter folgte oder auch nur aus purem Zufall, Wasser lassen. Sobald das der Fall wäre, sollte die Mutter diese Leistung tüchtig loben. Ich betonte, dass sie Geduld haben müsse, um die Tochter bei einem gelungenen Versuch zu »erwischen«.

Gedächtnisstützen

Fordern Sie schlechtes Benehmen nicht heraus!

1. **Alle Kinder wollen Aufmerksamkeit.**

2. **Belohnen Sie Ihr Kind mit Lob, wenn sie positives Verhalten statt negativem gezeigt haben.**

3. **Loben Sie spezifische Verhaltensweisen und konkrete Taten, statt sich in allgemeinen Lobesworten zu ergehen.**

4. **Versuchen Sie, Ihr Kind bei Wohlverhalten zu »erwischen«, und loben Sie es dafür.**

5. **Bei schwierigeren Vorhaben sollten Sie schrittweise vorgehen und das Kind für jedes erreichte Etappenziel loben.**

6. **Manchmal ist es ratsam, das Unterlassen von Fehlverhalten zu loben.**

Lassen Sie mich abschließend die wichtigste Erkenntnis wiederholen: Kinder wollen Aufmerksamkeit. Halten Sie sich das stets vor Augen! Aufmerksamkeit zahlt sich aus. Als Eltern haben Sie die Wahl: Sie können Ihre Aufmerksamkeit auf das negative Verhalten Ihres Kindes konzentrieren oder aber auf sein positives und dieses durch Lob fördern. Das Umlenken der Aufmerksamkeit mag anfänglich Mühe bereiten, doch diese Mühe wird reich belohnt durch ein kooperationsbereiteres, ausgeglicheneres und glücklicheres Kind.

Selbsttest zu Regel Nummer 2

1 Welche der folgenden Aussagen ist eine grundlegende Erkenntnis der Pädagogik?

- ❑ A: Alle Kinder wollen bestraft werden.
- ❑ B: Die meisten Eltern sind viel zu nachgiebig.
- ❑ C: Alle Kinder wollen Aufmerksamkeit.
- ❑ D: Die meisten Eltern sind bei weitem zu streng.

2 Kinder begnügen sich eher mit »negativer« Aufmerksamkeit, als völlig ignoriert zu werden.

- ❑ Richtig
- ❑ Falsch

3 Eltern müssen versuchen, ihre Kinder beim erwünschten Verhalten zu ertappen, und ihnen dann ein Feedback geben in Form von:

- ❑ A: Aufmerksamkeit und Lob
- ❑ B: Geld
- ❑ C: Kritik

4 Elterliches Lob muss sich auf .... Verhaltensweisen beziehen, anstatt sich in Feststellungen allgemeinerer Art zu verlieren.

5 Verfügt ein Kind nicht über die Fähigkeit oder die Kenntnis, die für eine bestimmte Aufgabe erforderlich sind, müssen die Eltern eventuell:

- ❑ A: Einen Psychotherapeuten aufsuchen.
- ❑ B: Ihr Kind so lange unter Druck setzen, bis ihm die Aufgabe gelingt.

- ❑ C: Das Kind auf seine Fehler hinweisen und ihm zusätzliche Informationen liefern.
- ❑ D: Die Aufgabe in leichter zu bewältigende Teilschritte aufsplitten.

6 Tim hat die unangenehme Angewohnheit, sehr geräuschvoll zu essen. Sein Eltern legen großen Wert auf bessere Tischmanieren. Sie sollten:

- ❑ A: Tim darauf hinweisen, wenn er unmanierlich isst, und ihn freundlich bitten, diese Unart abzustellen.
- ❑ B: Tims schlechtes Benehmen ignorieren.
- ❑ C: Versuchen, Tim dabei zu ertappen, wenn er leise isst, und ihn dafür loben.
- ❑ D: Tim bestrafen und konsequent vom Tisch verbannen, sobald die Geräusche auftreten.

7 Ein Kind hat im Zeugnis mehrere Einsen, eine Drei und eine Vier. Seine Eltern sollten folgendermaßen reagieren:

- ❑ A: Das Kind für die Mühe loben, die es in seine Einser-Fächer gesteckt hat, und fragen, ob es in den anderen Fächern Hilfe braucht.
- ❑ B: Dem Kind zusätzliche Hausaufgaben aufbrummen, um die Drei und die Vier auszubügeln.
- ❑ C: Das Kind für die Vier bestrafen.
- ❑ D: Nichts tun.

Auflösung des Tests zu Regel Nummer 2:

1 Welche der folgenden Aussagen ist eine grundlegende Erkenntnis der Pädagogik?

Antwort C: Kinder akzeptieren jede Art von Aufmerksamkeit, aber positive fördert ihre Motivation.

2 Kinder begnügen sich eher mit »negativer« Aufmerksamkeit, als völlig ignoriert zu werden.

Antwort: Richtig. So erstaunlich es auch erscheinen mag: Der heftigste »Zoff« ist Kindern lieber, als von den Eltern gar nicht beachtet zu werden.

3 Eltern müssen versuchen, ihre Kinder beim erwünschten Verhalten zu ertappen, und ihnen dann ein Feedback geben in Form von:

Antwort A: Kinder verspüren ein ungeheures Bedürfnis, ihren Eltern zu gefallen und ihre Anerkennung deutlich zu spüren zu bekommen.

4 Elterliches Lob muss sich auf .... Verhaltensweisen beziehen, anstatt sich in Feststellungen allgemeinerer Art zu verlieren.

Antwort: Spezifische. Ein Kind für ein bestimmtes und konkretes positives Verhalten zu loben ist wesentlich wirkungsvoller als ein allgemein gehaltenes Lob.

5 Verfügt ein Kind nicht über die Fähigkeit oder die Kenntnis, die für eine bestimmte Aufgabe erforderlich sind, müssen die Eltern eventuell:

Antwort D: Eine schwierige Aufgabe schrittweise angehen, dies erhöht die Erfolgsaussichten, weil es mehr Gelegenheiten bietet, das Kind zu loben.

6 Tim hat die unangenehme Angewohnheit, sehr geräuschvoll zu essen. Sein Eltern legen großen Wert auf bessere Tischmanieren. Sie sollten:

Antwort C: Damit erleichtern die Eltern es Tim, positive Aufmerksamkeit für gutes statt negative für schlechtes Benehmen zu finden.

7 Ein Kind hat im Zeugnis mehrere Einsen, eine Drei und eine Vier. Seine Eltern sollten folgendermaßen reagieren:

Antwort A: Zum letzten Mal: Ein Kind für eine gute Leistung zu loben erhöht die Wahrscheinlichkeit, dass es versuchen wird, diesen Erfolg zu wiederholen. So erfährt das Kind: Positives Verhalten bringt positive Aufmerksamkeit ein.

Regel Nummer 3

Bleiben Sie beständig

Unbeständigkeit ist eine der gängigsten Fallen, die Eltern sich selbst stellen. Dafür, dass Eltern gegenüber ihren Kindern keine Beständigkeit an den Tag legen, gibt es eine Vielzahl verständlicher Gründe: Zeitmangel, Ablenkung, Stress oder schlichtweg Unaufmerksamkeit. Wer es jedoch aus welchem Grund auch immer versäumt, für verlässliche Strukturen und Beständigkeit zu sorgen, leistet so mancher Verhaltensstörung Vorschub.

Ich werde oft gefragt, ob Eltern ihre Kinder besser autoritär oder liberal erziehen sollten. Tatsächlich wachsen in beiden Fällen großartige Kinder heran. Ausschlag gibt, ob einmal aufgestellte Regeln zuverlässig und konsequent beachtet werden. Beständigkeit bedeutet, Regeln und Konsequenzen einzuhalten. Wenn Sie eine Regel aufstellen oder mit einer Konsequenz drohen, so halten Sie eisern daran fest. Kinder testen nur zu gern ihre Grenzen, wenn die Eltern Ankündigungen nicht in die Tat umsetzen.

Beständigkeit bedeutet, Regeln und Konsequenzen einzuhalten. Wenn Sie eine Regel aufstellen oder mit einer Konsequenz drohen, so halten Sie eisern daran fest.

Eine Mutter, die mit ihrem Latein am Ende war, erzählte mir erregt von einer Auseinandersetzung mit ihrem 14-jährigen Sohn Kim. Die Ursache des Konflikts war die folgende: Sie hatte Kim aufgefordert, sein Zimmer aufzuräumen, ehe er sich mit seinen Freunden zum Skateboarden traf. Nach ein paar halbherzigen Handgriffen machte Kim sich auf die Socken. Seine Mutter stellte sich ihm in den Weg und wies ihn an, sein Zimmer ordentlich aufzuräumen. Kim erwiderte, er ginge erst Skateboarden und würde danach aufräumen. Seine Mutter quittierte diese Patzigkeit mit der Ankündigung, ihm für das kommende Wochenende Stubenarrest zu verordnen. Als Kim ungerührt die Tür öffnen wollte, befahl sie: »Wage dich nicht aus der Tür, ich meine es ernst!« Sechsmal, jedes Mal lauter und erregter, wiederholte sie diese Drohung. Dann endlich trat Kim den Rückzug an und räumte sein Zimmer auf.

Wie lässt sich dieser Schlagabtausch deuten? Positiv konnte die Mutter verbuchen, dass Kim sein Zimmer am Ende aufräumte. Aber wahrscheinlich trug ihr Sohn außerdem einige Erkenntnisse davon, die ihr gewiss nicht lieb waren. Vermutlich hatte sie die zitierte Drohung sechsmal wiederholen müssen, weil sie ihm unbeabsichtigt vermittelt hatte, dass ihre ersten vier oder fünf Warnungen nicht ernst gemeint waren. Kim wusste wohl, dass seiner Mutter erst der Kragen platzen musste, ehe sie ihre Drohung wahr machen würde; wann es so weit war, das konnte er am Klang ihrer Stimme ermessen. Und da er nicht glaubte, dass sie schon nach der ersten Warnung Konsequenzen ziehen würde, forderte er sie heraus, bis beider Emotionen sich überschlugen.

Ich vermute, dass Kims Mutter nie sehr konsequent gehandelt hat. Ich glaube auch, dass es gar nicht erst zu dieser unerfreulichen Szene gekommen wäre, wenn sie es sich zur Gewohnheit gemacht hätte, Warnungen nur einmal auszusprechen und unverzüglich umzusetzen. Dann hätte Kim gewusst, dass schon die Missachtung der ersten Warnung Konsequenzen gehabt hätte, und es wohl kaum darauf angelegt, den Konflikt weiter eskalieren zu lassen.

Genauso wichtig ist es, dass Eltern sich auch bei Belohnungen und Versprechen als zuverlässig erweisen. Kürzlich suchte ein junges Elternpaar meine Hilfe, weil der achtjährige Sohn seine Pflichten vernachlässigte. Wir dachten uns ein System von Anreizen aus und entwarfen dafür einen Wochenplan mit den täglichen Aufgaben des Jungen. Hatte der Sohn eine Aufgabe erledigt, sollten die Eltern ein Sternchen auf den Plan kleben und am Wochenende die Sternchen zählen. Diese konnte ihr Sohn dann gegen begehrte Privilegien wie länger aufbleiben oder einen Freund über Nacht einladen einlösen.

Einige Wochen später fanden die Eltern sich erneut bei mir ein. Sie beklagten sich, dass das System nicht mehr funktioniere und ihr Sohn wieder seine Pflichten vernachlässige. Als ich mich mit dem Jungen unterhielt, erfuhr ich, dass die versprochenen Belohnungen ausgeblieben waren. Und da wunderten die Eltern sich, dass das System nicht zum Erfolg führte!

Durch ihre Unzuverlässigkeit hatten die Eltern nicht nur dieses spezielle Anreizsystem unterminiert, sondern ihrem Sohn auch eine zweifelhafte Lehre erteilt. Unbewusst haben sie ihm vermittelt, dass man auf ihre Versprechen nicht viel geben kann.

Eine andere Familie hatte häufig Auseinandersetzungen mit der 13-jährigen Anna. Nach der Schule wollte Anna entweder draußen spielen oder fernsehen. Manchmal konnte die Mutter sich durchsetzen und bestand darauf, dass Anna zunächst ihre Hausaufgaben erledigte. Meist aber bewegten Annas Protest und Gejammer sie zum Nachgeben. »Es ist einfach zu anstrengend, mit Anna darüber zu streiten«, konstatierte die Mutter. Der Konflikt zwischen ihr und Anna verschärfte sich täglich. Da Anna nie wusste, ob ihre Mutter nachgeben würde, focht sie den Kampf täglich aufs Neue aus.

Der Dauerkonflikt ließ sich erst beilegen, als Annas Mutter klar und deutlich ihre Erwartungen formulierte. Sie erklärte ihrer Tochter, grundsätzlich erst spielen zu dürfen, nachdem sie ihre Hausaufgaben erledigt hatte. Natürlich stellte Anna ihre Mutter in den ersten Tagen nach Inkrafttreten der neuen Regelung auf die Probe, aber die Mutter blieb standhaft. Schon bald erkannte Anna, dass die Mutter fest entschlossen war, nicht einzulenken, und machte sich ohne Murren an ihre Schulaufgaben. Das Problem hatte sich in Luft aufgelöst, weil die Mutter ihre Erwartung deutlich zum Ausdruck gebracht und konsequent durchgesetzt hatte.

Eine verlässliche Struktur vermittelt Kindern das Gefühl von Sicherheit, Vorhersehbarkeit und Kontrolle über das Geschehen. Sie bewahrt Kinder davor, durch ihr Verhalten die von den Eltern gesteckten Grenzen zu testen.

Indem Eltern konsequent sind und an dem festhalten, was sie sagen, schaffen sie eine Struktur, die Kinder dringend brauchen. Eine verlässliche Struktur vermittelt Kindern das Gefühl von Sicherheit, Vorhersehbarkeit und Kontrolle über das Geschehen. Sie bewahrt Kinder davor, durch ihr Verhalten die von den Eltern gesteckten Grenzen zu testen. Vielmehr ermöglicht sie, dass die Kinder entspannt in einem Netz von bekannten Belohnungen und Konsequenzen agieren können und erkennen, dass es wichtig ist, Versprechen zu erfüllen und eingegangene Verpflichtungen ernst zu nehmen.

Sorgen Sie für regelmäßige und verlässliche Alltagsabläufe

Beständigkeit und klare Strukturen helfen einen der leidigsten Krisenherde entschärfen: das morgendliche Aufstehen und das abendliche Zubettgehen. Fast alle Eltern stöhnen über den Stress, der damit verbunden ist, ihren (ebenfalls stressgeschädigten) Nachwuchs morgens gewaschen und angezogen aus dem Haus und abends gewaschen und mit geputzten Zähnen ins Bett zu bringen.

Es mag banal klingen, aber jeden Morgen und Abend zur gleichen Zeit die gleichen Tätigkeiten wie Ankleiden, Essen und Duschen zu verrichten, dies erspart jede Menge Stress durch endloses Debattieren, hektisches Antreiben oder gutes Zureden. Eine solche Struktur schafft eine angenehme Vorhersehbarkeit. Sie trägt dazu bei, dass Routinepflichten keinen Anlass für Machtkämpfe zwischen Eltern und Kind geben.

Ich bin unendlich froh darüber, dass Lindsey und ich uns nur noch äußerst selten über die morgendlichen und abendlichen Pflichtübungen streiten müssen. Das ist ausschließlich der Routine zu verdanken, die wir zwei im Lauf der Jahre entwickelt haben.

Jeden Morgen wecke ich Lindsey und gehe dann duschen. Während ich unter der Dusche stehe, zieht sie sich an und erledigt ihre morgendlichen Pflichten (das Bett machen und den Hund füttern). Ich bereite dann das Frühstück zu, und wir setzen uns gemeinsam zum Essen hin, bevor ich sie in die Schule fahre.

Unsere Abende verlaufen ähnlich ritualisiert. Lindsey macht ihre Hausaufgaben, während ich das Abendessen koche. Dann essen wir zusammen und reden über den Tag. Während ich das Geschirr spüle, erledigt sie ihre restlichen Aufgaben. Dann duscht sie, putzt die Zähne und zieht sich für die Nacht um. Nachdem ich ihre Hausaufgaben durchgesehen habe, gehen wir gemeinsam einer friedlichen Beschäftigung nach, lesen etwas vor, spielen ein Brettspiel oder unterhalten uns einfach.

Jemandem, der kinderlos ist, mag dies sehr langweilig erscheinen. Aber für Eltern ist es ein Segen, nicht über jede kleine Notwendigkeit debattieren zu müssen. Eine fest etablierte Routine verringert den Konfliktstoff. Wer sie in seine Familie einführen will, muss sich anfänglich ein wenig bemühen. Spielen Sie mit offenen Karten. Setzen Sie sich mit Ihren Kindern hin, und besprechen Sie die neuen Tagesabläufe. Stellen Sie diese den Kindern mit Optimismus und Elan vor, und gewinnen Sie ihre Unterstützung. Setzen Sie den Plan, nachdem Sie ihn durchgesprochen haben, gleich am nächsten Tag um – und: Bleiben Sie dabei!

Selbstverständlich lassen sich solche Routinen nicht tagtäglich nach einem strikten Muster abspulen. Es kann immer einmal etwas dazwischenkommen. Gleichwohl ist es wichtig, sich so weit wie möglich daran zu halten, um den Kindern das so notwendige Gefühl von Sicherheit, das regelmäßige Abläufe ihnen spenden helfen, zu vermitteln.

Wenn Sie absehen, dass sich eine Routine ausnahmsweise nicht wie üblich einhalten lässt, sollten Sie Ihr Kind nach Möglichkeit vorher auf die Änderung hinweisen. Eine Vorwarnung hilft dem Kind, die Ausnahme von der Regel zu verstehen und sich auf sie einzustellen. Wenn Sie zum Beispiel wegen eines Termins eine halbe Stunde früher ins Büro fahren müssen, so besprechen Sie dies am Vorabend mit Ihrem Kind. Teilen Sie ihm mit, dass es eine halbe Stunde früher aufstehen muss. Sagen Sie ihm, dass Sie auf seine Pünktlichkeit angewiesen sind und seine Unterstützung außerordentlich schätzen. Vergessen Sie nicht, es anderntags für seinen Beistand zu loben. Sie säen eine gute Saat für die nächste Ausnahme von der Regel.

Disziplinieren Sie nicht disziplinlos

Beständigkeit spielt auch beim leidigen Thema Disziplin eine Hauptrolle. Viele Eltern haben kein Problem damit, sofort Konsequenzen zu ziehen, wenn Fehlverhalten ihrer Kinder ihnen über die Hutschnur geht. Dabei verhängen sie allerdings aus dem Impuls des Ärgers heraus oft zu harte oder zu langwierige Strafen, die sich nur schwer durchhalten lassen.

Ein Vater regte sich, immer wenn sein Sohn in der Schule Schwierigkeiten machte, so sehr auf, dass er ihm Stubenarrest für einen ganzen Monat aufbrummte. Wenn er das Urteil aussprach, war er grimmig entschlossen, daran festzuhalten. Doch es war so gut wie unmöglich, die Strafe zu realisieren. Im Lauf eines Monats treten nun einmal zahlreiche »Ausnahmen« ein, die der Maßnahme ihre Wirkung nehmen. Es ist weit besser, kurzfristigere Konsequenzen zu ziehen und diese unverrückbar einzuhalten.

Eltern sollten sich ferner darüber im Klaren sein, wie wichtig es ist, dass beide Elternteile sich auf die gleichen Regeln und Konsequenzen verständigen und diese ohne Ausnahmen umsetzen. Erfinderische Kinder werden versuchen, diese Front zu spalten, indem sie Vater und Mutter gegeneinander ausspielen. Umso dringender ist Eltern anzuraten, über strittige Punkte in Abwesenheit der Kinder zu diskutieren, bis sie sich auf einen Kompromiss geeinigt haben, den sie beide guten Gewissens vertreten können.

Eltern sollten sich ferner darüber im Klaren sein, wie wichtig es ist, dass beide Elternteile sich auf die gleichen Regeln und Konsequenzen verständigen und diese ohne Ausnahmen umsetzen.

Mit diesem Problem kommen Eltern sehr häufig zu mir. Tom und Christina zum Beispiel waren jahrelang uneins in Fragen der Disziplin. Bei der Erziehung des ältesten Sohns hatten sie sich oft erbittert gestritten, aber letztlich irgendwie durchgemogelt. Als Eltern eines früh entwickelten Fünfjährigen schließlich suchten sie meine Hilfe, um diese Differenzen beizulegen.

Tom kam aus einer Familie, in der strenge Regeln herrschten und vorrangig mit Schlägen für Disziplin gesorgt wurde. Tom hielt hohe Stücke auf diese Erziehungsmethode und fand Christinas Umgang mit den Kindern viel zu locker. Christina dagegen hielt nichts von körperlichen Strafen und fand Tom viel zu hart und kritisch.

Wie Tom nun widerwillig eingestand, zeigten Schläge bei seinem jüngsten nicht die gleiche Wirkung wie beim ältesten Sohn. Sie machten den Kleinen lediglich noch aufsässiger. (Erinnern Sie sich? Kinder wollen Aufmerksamkeit, notfalls selbst negative in Form von Schlägen!)

Seinen Glauben an die Wirksamkeit der Erziehungsmethoden seiner Eltern mochte Tom zwar nicht aufgeben, aber er war ein vernünftiger Mann und bereit, folgendes Experiment zu wagen. Ich schlug Tom und Christina vor, einige der Strategien, die ich Ihnen in diesem Buch vorstelle, einen Monat lang anzuwenden. Sie sollten versuchen, ihren Jüngsten zu ertappen, wenn er das gewünschte Verhalten zeigte, und ihn dafür loben. Würde Disziplinierung erforderlich, sollten sie eine Warnung aussprechen und dann die angedrohte Konsequenz ziehen, beispielsweise die Zeit kürzen, die er mit Fernsehen oder Videospielen zubringen durfte.

Nach Ablauf des Monat musste Tom zugeben, dass die neuen Methoden gut funktioniert hatten. Der Kleine benahm sich erheblich besser, so dass Tom endlich mehr Freude an ihm fand – und sich außerdem wegen dieses Themas nicht mehr mit Christina zanken musste. (Ich hatte Christina insgeheim vorgeschlagen, auch Tom zu belohnen, wenn er die neuen Erziehungsmethoden anwandte ...)

Wenn Sie und Ihr Partner beziehungsweise Ihre Partnerin in Erziehungsfragen unterschiedlicher Auffassung sind, dann kann es hilfreich sein, wie Tom und Christina ein »Experiment« zu unternehmen. Womöglich will ein Vater oder eine Mutter vom alten Erziehungskonzept nicht ablassen, weil er oder sie befürchtet, dies könnte als Schuldbekenntnis interpretiert werden. Um einen derartigen Machtkampf zu beenden, sollten beide gemeinsam einen Erziehungsratgeber lesen (ich empfehle den, den Sie in der Hand halten), einen Kurs besuchen oder aber einen Familientherapeuten zu Rate ziehen. Oft fällt es nämlich leichter, andere Ansichten anzunehmen und umzusetzen, wenn sie von außen kommen.

Ziehen Sie als Eltern gemeinsam und konsequent an einem Strang. Denn wenn Ihr Kind weiß, dass Sie beide sich an einheitliche Regeln halten und diese konsequent einfordern, dann hat es weniger Anlass, Toleranzgrenzen zu testen und zu erkunden, welche Spielregeln aktuell angesagt sind. Und wenn die angekündigten Konsequenzen durchsetzbar sind und auch durchgesetzt werden, dann wird Ihr Kind es sich genauer überlegen, ob es sich Verstöße leisten will oder nicht.

Aus der Ruhe kommt die Kraft

Elterliche Verlässlichkeit in allen Bereichen, nicht allein dem der häuslichen Struktur und Disziplin, ist eine wesentliche Voraussetzung dafür, dass Kinder sich sicher und geborgen fühlen. Was es für ein Kind bedeutet, wenn Vater oder Mutter sich mit unerschütterlicher Zuverlässigkeit und Anteilnahme täglich nach seinen Schulerlebnissen erkundigen, das kann man gar nicht überschätzen. Bei Schul- und Vereinsveranstaltungen nie zu »schwänzen« und Aufgaben in seiner Schule zu übernehmen, das spricht in den Augen des Kindes Bände über den Wert, den seine Eltern ihm beimessen. Wer seinem Kind beständig vorbehaltlose Liebe zeigt, schenkt ihm Kraft und befreit es von unnötiger Angst und Unsicherheit.

Beständigkeit ist für Eltern und Kind nur von Vorteil. In unserer hektischen Zeit aber kann es eine der größten und entmutigendsten Herausforderungen sein, im eigenen Alltag geordnete, vorhersehbare Strukturen zu schaffen. Überdies unterliegen wir alle nur zu verständlichen emotionalen Schwankungen: Es ist wahrlich nicht einfach, sein Kind äußerlich gefasst zu warnen und zu disziplinieren, wenn man innerlich kocht, weil der Auspuff der Familienkutsche gerade seinen Geist aufgegeben hat oder gar die erwartete Beförderung ausgeblieben ist.

Beständigkeit ist für Eltern und Kind nur von Vorteil. In unserer hektischen Zeit aber kann es eine der größten und entmutigendsten Herausforderungen sein, im eigenen Alltag geordnete, vorhersehbare Strukturen zu schaffen.

Ich kann Ihnen nur raten, sich immer wieder ehrlich und ernsthaft um Beständigkeit zu bemühen. Sollte es Ihnen hier und da nicht gelingen, dann gehen Sie nicht allzu streng mit sich ins Gericht: Fehler machen ist nun einmal menschlich (siehe Psychologische Tretmine 5). Wenn Sie Ihr Bestes geben und in Ihrem Bemühen nicht nachlassen, dann werden Sie binnen kürzester Zeit feststellen, dass die Vorteile den Aufwand mehr als rechtfertigen.

GEDÄCHTNISSTÜTZEN

Bleiben Sie beständig!

1 Ob Sie einen eher strengen oder lockeren Erziehungsstil pflegen: entscheidend ist, dass Sie Regeln und Konsequenzen ohne Ausnahmen einhalten.

2 Seien Sie konsequent, jedes Mal.

3 Sprechen Sie Warnungen nur einmal aus, und ziehen Sie dann die angemessene Konsequenz.

4 Beständige Regeln schaffen Struktur und vermitteln Kindern das Gefühl von Sicherheit, Vorhersehbarkeit und Kontrolle über das Geschehen.

5 Führen Sie verlässliche morgendliche und abendliche Routinen ein.

6 Disziplinieren Sie mithilfe befristeter, praktikabler Konsequenzen.

7 Disziplinieren Sie Ihr Kind nicht, wenn Sie erregt sind.

8 Ziehen Sie mit Ihrem Partner, Ihrer Partnerin an einem Strang.

Selbsttest zu Regel Nummer 3

1 Zuverlässig sein bedeutet, dass Sie Regeln und Konsequenzen:

- ❑ A: Vermeiden
- ❑ B: Strikt einhalten
- ❑ C: Wirksam gestalten
- ❑ D: Streng gestalten

2 Wie viele Warnungen sollten Eltern aussprechen, ehe sie die angekündigte Konsequenz ziehen?

- ❑ A: Zwei
- ❑ B: Keine
- ❑ C: Drei
- ❑ D: Eine

3 Verlässliche(s) .... vermitteln(t) Kindern das Gefühl von Sicherheit, Vorhersehbarkeit und Kontrolle über das Geschehen.

- ❑ A: Strukturen
- ❑ B: Lob
- ❑ C: Strafen
- ❑ D: Übungen

4 Wie stellt man Fehlverhalten am ehesten dauerhaft ab? Durch:

- ❑ A: Strafen von langer Dauer
- ❑ B: Strafpredigten
- ❑ C: Kürzere, aber wirksame Konsequenzen
- ❑ D: Ignorieren

5 Werden Kinder testen, wie weit sie gehen können, wenn Regeln nicht durchgängig eingehalten werden?

- ❑ A: Nie
- ❑ B: Manchmal
- ❑ C: Fast immer

6 Wenn Eltern in einem bestimmten Punkt uneinig sind, dann sollten sie:

- ❑ A: Über das Thema diskutieren, sobald es aufkommt, damit die Kinder erfahren, wie man Konflikte löst.
- ❑ B: Sich vor den Kindern gegenseitig stützen und Differenzen später austragen.
- ❑ C: Die Kinder entscheiden lassen.
- ❑ D: Bei einer Frage- und Antwortstunde von Radio oder Fernsehen anrufen.

Auflösung des Tests zu Regel Nummer 3:

1 Zuverlässig sein bedeutet, dass Sie Regeln und Konsequenzen:

Antwort B: Tun Sie, was Sie sagen!

2 Wie viele Warnungen sollten Eltern aussprechen, ehe sie die angekündigte Konsequenz ziehen?

Antwort D: Wenn Eltern nur einmal warnen und dann konsequent die angemessene Konsequenz ziehen, werden weitere Warnungen sich erübrigen.

3 Verlässliche(s) .... vermitteln(t) Kindern das Gefühl von Sicherheit, Vorhersehbarkeit und Kontrolle über das Geschehen.

Antwort A: Je sicherer ein Kind weiß, was es zu erwarten hat, desto weniger Grund hat es, seine und die Grenzen der Eltern zu testen.

4 Wie stellt man Fehlverhalten am ehesten dauerhaft ab? Durch:

Antwort C: Kürzere, leichter durchführbare Konsequenzen sind für gewöhnlich effektiver als langfristige, bei denen zwangsläufig Ausnahmen gemacht werden müssen.

5 Werden Kinder testen, wie weit sie gehen können, wenn Regeln nicht durchgängig eingehalten werden?

Antwort C: Wenn Kinder die ihnen gesteckten Grenzen nicht genau kennen, werden sie fast immer testen wollen, wie weit sie gehen können.

6 Wenn Eltern in einem bestimmten Punkt uneinig sind, dann sollten sie:

Antwort B: Eltern sollten sich stets bemühen, an einem Strang zu ziehen.

Regel Nummer 4

Ermöglichen Sie offene Kommunikation

Mit seinem Kind kommunizieren können ist wohl das Wichtigste, worauf Eltern sich verstehen müssen. Zu wissen, dass sie mit den Eltern darüber sprechen können, was sie bewegt, verleiht Kindern das Gefühl, anerkannt und am Geschehen beteiligt zu sein. Gute Kommunikation ist unabdingbar, damit Kinder lernen, sich selbst zu lieben, Probleme zu lösen und mit anderen Menschen zurechtzukommen.

Kommunikationsfähigkeit ist auch deshalb von entscheidender Bedeutung, weil die elterliche Kontrolle mit zunehmendem Alter des Kindes abnimmt. In dem Maße, in dem Eltern ihre direkte Einflussmöglichkeit auf das Umfeld der Kinder verlieren, erweist sich offene, ehrliche Kommunikation als ihr – oft einzig – wirksames Hilfsmittel. Können Jugendliche mit ihren Eltern über Beziehungen, Drogen oder Sex reden, dann stehen die Chancen wesentlich besser, dass sie diese turbulenten Jahre ohne Schaden überstehen. Sind Eltern zu echter Kommunikation nicht fähig, werden sie sich mit hoher Wahrscheinlichkeit in endlose Machtkämpfe verstricken oder hilflos zusehen und »das Beste hoffen« müssen.

Die Kommunikation zwischen Eltern und Kind kann offen oder verhindert sein. Allzu häufig vereiteln Eltern unbewusst einen echten Dialog. Manchmal ist es ihnen unangenehm, sich auf die emotionale Intensität des Kindes einzulassen. Ein andermal mögen sie in ihrem gut gemeinten erzieherischen Eifer Ratschläge erteilen, die das Kind nicht braucht oder wünscht. Damit bewirken sie, dass das Kind sich nicht wirklich verstanden fühlt und sich in Zukunft seltener an seine Eltern wenden wird.

Damit es zu einer offenen Kommunikation zwischen Eltern und Kind kommen kann, muss das Kind das Gefühl haben, dass die Eltern bereit sind, ihm ihre ehrliche, ungeteilte Aufmerksamkeit zu widmen.

Damit es zu einer offenen Kommunikation zwischen Eltern und Kind kommen kann, muss das Kind das Gefühl haben, dass die Eltern bereit sind, ihm ihre ehrliche, ungeteilte Aufmerksamkeit zu widmen. Befürchtet es hingegen, dass es sich bei einem Gespräch lediglich eine heftige Strafpredigt oder scharfe Kritik anhören muss, dann wird es irgendwann gar nicht mehr versuchen, mit den Eltern zu kommunizieren.

Um echte Kommunikation zu ermöglichen, sollten Sie sich nach Kräften davor hüten, in eine der folgenden Elternrollen zu schlüpfen:

Kehren Sie nicht Ihre Autorität heraus

Autoritär auftretenden Eltern ist sehr daran gelegen, nicht die Kontrolle zu verlieren. Da ihnen starke Gefühle, weil »ungeordnet« und zügellos, unheimlich sind, halten sie ihr Kind dazu an, sich »zusammenzureißen und wieder auf den Teppich zu kommen«. Mit Befehlen, Forderungen und Drohungen versuchen autoritäre Eltern, dem Kind unerwünschte oder ihrer Ansicht nach unnötige Gefühle »auszutreiben«. Zu ihrem Standardrepertoire zählen Aussagen wie:

»Immer mit der Ruhe! Du musst nicht gleich weinen.«

»Du hast keinen Grund, dich ... zu fühlen.«

»Wage es nicht noch einmal, mich anzuschreien!«

Autoritäre Eltern unterbrechen ihre Kinder häufig und fahren ihnen über den Mund:

MUTTER: »Fräulein, komm her und hilf mir beim Abspülen!«

TOCHTER: »Aber Mama, ich bin gerade mitten in einer Mathe-Aufgabe. Kann ich die nicht erst fertig machen?«

MUTTER: »Es ist mir egal, was du noch zu tun hast. Du sollst jetzt kommen und mir helfen.«

Dieser Kommunikationsstil verdeutlicht anschaulich, dass die Mutter wenig Wert darauf legt, was ihre Tochter fühlt, denkt und tut. Er basiert auf der Überzeugung, dass die Bedürfnisse des größeren, stärkeren und klügeren Erwachsenen Vorrang haben. Er minimalisiert die Bedürfnisse des Kindes und vermittelt dem Kind die Botschaft, dass es seine Eltern herzlich wenig interessiert, was es zu sagen hat.

Spielen Sie nicht den Oberlehrer

Eltern, die sich in der Oberlehrerrolle gefallen, kennen es wahrscheinlich: Während sie dozieren, verdreht ihr Kind früher oder später die Augen, bekommt einen glasigen Blick oder eine finstere Miene. Solche Eltern tendieren dazu, Kommunikation zu verhindern, indem sie augenblicklich in einen Vortrag verfallen. Ihr Lieblingswort lautet »sollte«. Belehrende Eltern wollen nur die »richtigen« Gefühle zulassen und machen gern Bemerkungen wie die folgenden:

»Du solltest dich nicht so ärgern. Dein Lehrer weiß schon, was am besten für dich ist.«

»Du solltest nicht so empfinden. Du weißt doch, dass ich es nicht so gemeint habe.«

»Du solltest nicht so gelangweilt sein. Heute ist solch ein herrlicher Tag!«

Diese Art des Dialogs verhindert echte Kommunikation, weil sie im Grunde dem Kind vorschreibt, was es zu denken, zu fühlen und zu tun hat.

SOHN: »Mama, ich hab Toni angerufen und eingeladen, zu mir zu kommen. Er hat wieder geantwortet, dass er keine Zeit hat. Das ist schon das dritte Mal. Ich glaube, er mag mich nicht mehr.«

MUTTER: »Du solltest diesen Toni sowieso nicht anrufen. Ich hab dir schon ein paar Mal gesagt, dass er kein Umgang für dich ist. Du solltest lieber Frank anrufen. Mach das mal.«

SOHN: »Aber, Mama ...«

Wie dieser Sohn schätzt es niemand besonders, wenn man ihm sagt, was er empfinden und tun soll. Noch unersprießlicher ist es, wenn man ständig belehrt wird.

Arbeiten Sie nicht mit Vorwürfen

Eltern, die gern mit Vorwürfen und Schuldzuweisungen arbeiten, liegt daran, das Kind ihre Überlegenheit spüren zu lassen. Ihnen scheint es vor allem darum zu gehen, dass das Kind kapiert: Eltern sind älter, klüger und immer im Recht. Kinder solcher Eltern wissen ein Lied zu singen von Kommentaren wie:

»Was habe ich dir gesagt? Ich wusste genau, dass das passieren würde!«

»Wenn du bloß auf mich gehört hättest ...«

»Verstehst du jetzt, was ich meine?!«

Solche Eltern schrecken gelegentlich auch vor Sarkasmus, Beleidigungen und Herabsetzungen nicht zurück – deutlich destruktiven Methoden, die die Eltern noch größer und das Kind kleiner erscheinen lassen. Da fallen dann Worte wie:

»Du bist wirklich dumm.«

»Was hast du jetzt schon wieder angestellt?«

»Sei kein Trottel! Das funktioniert nie.«

Arbeiten seine Eltern notorisch mit Vorwürfen, muss das Kind die Lehre ziehen, dass es seine Eltern nie und nimmer zufrieden stellen kann. Es wird am Ende gar nichts mehr mit seinen Eltern besprechen wollen.

Arbeiten seine Eltern notorisch mit Vorwürfen, muss das Kind die Lehre ziehen, dass es seine Eltern nie und nimmer zufrieden stellen kann. Es wird am Ende gar nichts mehr mit seinen Eltern besprechen wollen.

SOHN: »Papa, sieh mal, was ich für die Naturwissenschaftlerbörse gebaut habe. Es ist eine solarbetriebene Dampfmaschine. Schau, wenn die Lampe auf die Dose gerichtet ist, heizt das Wasser sich auf und ...«

VATER: »Was hast du dir denn dabei gedacht? Das funktioniert nie im Leben! Die Lampe ist viel zu weit von der Dose entfernt. Das Wasser kann gar nicht heiß genug werden, um Dampf zu erzeugen. Also wirklich, manchmal frage ich mich, ob du jemals darüber nachgedacht hast, was du tust.«

In diesem Fall ignoriert der Vater völlig die Initiative seines Sohnes. Statt den Jungen dafür zu loben, dass er den Versuch unternommen hat, und dann mit ihm über mögliche

Verbesserungen zu sprechen, vermittelt er ihm einzig und allein, seine Sache nicht gut genug gemacht zu haben.

Wiegeln Sie nicht ständig ab

Es gibt Eltern, die offenbar meinen, Probleme durch schnelles Beschwichtigen aus der Welt schaffen zu können. Manche greifen zu dieser Strategie, weil sie zu sehr mit anderen Dingen beschäftigt sind oder Angst vor emotionalen Verstrickungen haben. Doch gleich, welcher Grund vorliegt: ständiges Beschwichtigen vermittelt Kindern jeden Alters das Gefühl, dass die Eltern ihnen nicht richtig zuhören, nicht verstehen wollen, was ihnen am Herzen liegt, oder sich gar nicht dafür interessieren.

»Das ist doch nur halb so schlimm, vergiss es!«

»Morgen sieht die Welt wieder besser aus.«

»Das ist nur eine Phase, das geht vorbei.«

TOCHTER: »Papa, ich weiß nicht, ob ich noch weiter Basketball spielen mag.«

VATER: »Warum, mein Schatz? Die Saison ist doch schon fast vorbei.«

TOCHTER: »Ach, immer wenn ich den Ball ergattere, wird er mir wieder abgenommen. Und mit meinen Freiwürfen treffe ich auch nie.«

VATER: »Mach dir keine Gedanken, Schatz. Ich bin sicher, dass du mit der Zeit besser wirst.«

Dieser Dialog scheint harmlos zu sein und der Vater es gut zu meinen. Im Grunde aber nimmt der Vater den Kummer seiner Tochter nicht ernst. Es wäre der Kommunikation der beiden sehr zugute gekommen, wenn der Vater die Sorge der Tochter anerkannt hätte, statt sie sogleich mit der vagen Beschwichtigung abzutun, es werde sich schon alles einrenken.

In die beschriebenen Rollen schlüpfen dann und wann alle Eltern. Gegen sie ist niemand gefeit. Umso wichtiger ist es, sich klar zu machen, dass jedes dieser Verhaltensmuster offene Kommunikation verhindert. Vermeiden Sie sie, so gut es geht.

Zuhören ist eine Kunst

Um mit ihren Kindern offen kommunizieren zu können, müssen Eltern sich zu guten Zuhörern erziehen. Es mag merkwürdig klingen, aber: Gut zuhören, das ist kein passiver Prozess, sondern eine aktive Handlung. Es erfordert eine konzentrierte Bemühung. Dabei muss man als Erstes seinem Kind vermitteln, dass man wirklich bereit ist, ihm zuzuhören.

Michael war 15 Jahre alt, als er mich zum ersten Mal aufsuchte. Er war zwar bereits recht selbstständig, brauchte aber gelegentlich noch den Rat und Beistand seiner Eltern. In unserer ersten Sitzung erklärte er sein Problem:

> »Meine Eltern sind wahrscheinlich ganz okay. Zumindest sagen sie immer all die richtigen Sachen. Dass ich zu ihnen kommen und mit ihnen reden soll, wenn ich Probleme habe. Aber sie meinen nicht wirklich, was sie sagen. Mein Vater hört nur halb zu. Ich weiß ganz genau, dass er sich nicht richtig darauf einlassen und lieber zurück an seinen Computer will. Mama sagt, dass ich gern mit ihr reden kann, doch sie kommt immer mit Belehrungen.«

Obwohl seine Eltern ernsthaft meinten, immer für ihren Sohn da zu sein, empfing Michael eine ganz andere Botschaft. Zwar sagten die Eltern ihm, dass sie für Kommunikation offen seien, doch sprach ihr Verhalten eine andere Sprache.

Mit nur drei Jahren lieferte Lindsey mir ein ähnliches Lehrstück. Nach einem langen Arbeitstag endlich zu Hause, wollte ich, bevor unser gemeinsamer Abend begann, die

Nachrichten ansehen und dabei eine halbe Stunde entspannen. Lindsey hatte jedoch andere Vorstellungen. Sowie ich zur Tür hereinkam, wollte sie sich mit mir unterhalten und spielen. Aus ihrer Sicht hatte ich den ganzen Tag durch Abwesenheit geglänzt und nun endlich mit ihr zu spielen.

Je mehr ich Lindsey vertröstete, umso hartnäckiger und weinerlicher wurde sie. Ich konnte mich weder auf die Nachrichten noch auf das Spielen mit Lindsey konzentrieren. Als ich merkte, dass ich beides nicht genießen konnte, begriff ich, dass ich einen anderen Weg einschlagen musste.

Statt Tochter wie Nachrichten nur mit halbem Ohr zuzuhören, beschloss ich, fortan zunächst mit Lindsey zu spielen und ihr aktiv zuzuhören. Wenn ich abends nach Hause kam, waren also erst einmal die Bauklötze, irgendwelche Fantasiespiele oder Episoden aus Lindseys Tag an der Reihe. Lindseys Klein-Mädchen-Gelächter erfüllte das Haus, und ich sah mir in Ruhe die Spätausgabe der Nachrichten an. So waren wir beide zufriedener.

Der bewusste Entschluss, meiner Tochter ein aktiver Zuhörer zu sein, war für die folgenden Jahre von großer Bedeutung. Lindsey zögerte nie, mit mir über schulische und andere Probleme, bei denen sie Rat und Hilfe brauchte, zu sprechen; sogar ihr erster Freund war Thema. Ich hoffe, dass sie auch weiterhin Freud und Leid unbefangen mit mir teilen wird.

Bei all dem Stress und Druck, dem wir in unserem modernen Alltag ausgesetzt sind, passiert es leicht, dass man sein Kind nicht ernst nimmt oder ihm nur passiv zuhört. Aber Sie können an sich arbeiten: Es ist immer möglich, auf das Kind einzugehen, selbst wenn Sie ihm im Augenblick beim besten Willen nicht Ihre volle Aufmerksamkeit widmen können. Es bedarf nur einer kurzen Unterbrechung, um ihm Ihre Anteilnahme zu bekunden, zum Beispiel mit den Worten: »Im Moment bin ich beschäftigt, mein Spatz. Können wir in einer Viertelstunde reden?« Eine solche offene Antwort ist ungleich besser als geistesabwesendes Zuhören. Immerhin weiß Ihr Kind so, dass Sie Wert darauf legen, was es zu sagen hat, und dass Sie sich später Zeit zum

Zuhören nehmen werden. Gelingt es ihm, sich bis zum vereinbarten Zeitpunkt zu gedulden, sollten Sie es unbedingt dafür loben! Bringen Sie Ihrem Kind dieselbe Achtung entgehen, die Sie in einem solchen Fall von Ihrem Lebenspartner oder Ihrer Lebenspartnerin erwarten.

Reflektierendes Zuhören

Wenn Sie Ihrem Kind vermittelt haben, dass Sie ihm als Zuhörer zur Verfügung stehen, wird es eher das Gespräch mit Ihnen suchen. Im nächsten Schritt kommt es darauf an, eine spezielle Technik der offenen Kommunikation zu beherrschen: das reflektierende Zuhören.

Reflektierendes Zuhören beherzigt, dass Menschen auf zwei Ebenen kommunizieren, der verbalen und der emotionalen. Auf der verbalen Ebene geht es vorrangig um die Vermittlung von Sachverhalten, auf der emotionalen um die Vermittlung der Gefühle, die mit diesen Sachverhalten verknüpft sind. Gerade im Gespräch mit Kindern, die Mühe haben, Gefühle zu identifizieren und in Worte zu kleiden, ist es von wesentlicher Bedeutung, den emotionalen Gehalt der Unterhaltung zu verstehen.

Reflektierendes Zuhören beherzigt, dass Menschen auf zwei Ebenen kommunizieren, der verbalen und der emotionalen.

Indem Eltern auf den emotionalen Gehalt der kindlichen Botschaft eingehen, geben sie dem Kind zu verstehen, dass sie ihm aktiv zugehören. Und wenn das Kind den Eindruck gewinnt, gehört und verstanden worden zu sein, dann fühlt es sich ernst genommen und wird das Gespräch eher fortsetzen wollen. Reflektierendes Zuhören fördert und erhält eine offene Kommunikation.

Konkreter ausgedrückt, bedeutet reflektierendes Zuhören, dass Sie im Gespräch auf den emotionalen Gehalt der Botschaft achten und diesen Ihrem Kind spiegelhaft nochmals vorführen. Bei den folgenden Dialogen dagegen wird lediglich der verbale Inhalt angesprochen und somit eine echte Kommunikation unterbunden:

JULIA: »Die Lehrerin hat meine Hausaufgaben nicht angenommen, nur weil ich sie einen Tag zu spät abgegeben habe.«

MUTTER: »Hättest du nicht so lange telefoniert, dann wären die Hausaufgaben pünktlich fertig geworden.«

JULIA: »Ja, wahrscheinlich.«

TIM: »Mama, Tommy hat in der Pause schon wieder mit dem Neuen gespielt. Ich musste ganz allein spielen.«

MUTTER: »Macht doch nichts. Du hast ja noch andere Freunde.«

TIM: »Klar.«

In beiden Fällen hat das alleinige Eingehen auf die verbale Aussage die Kinder nicht ermutigt, den Dialog mit der Mutter fortzuführen. Vielmehr haben sie augenblicklich bemerkt, dass die Mutter nicht verstanden hat, was sie ihr mitteilen wollten. Die Unterhaltung gefror, weil die Mutter es versäumt hat, auf die unterschwelligen Emotionen einzugehen. Julia erhielt keine Gelegenheit, ihre Gefühle auszudrücken, und Tim empfing die Botschaft, seine Gefühle seien unangebracht.

Sehen Sie selbst, welch drastischen Unterschied es macht, wenn die Mutter gezielt versucht, auch auf die emotionale Ebene der Aussage zu reagieren.

JULIA: »Die Lehrerin hat meine Hausaufgaben nicht angenommen, nur weil ich sie einen Tag zu spät abgegeben habe.«

MUTTER: »Da warst du wohl enttäuscht.«

JULIA: »Ja schon, aber es war mir vor allem peinlich. Sie hat es so laut gesagt, dass die ganze Klasse es hören konnte.«

MUTTER: »Ich kann verstehen, dass dir das peinlich war.«

TIM: »Mama, Tommy hat in der Pause schon wieder mit dem Neuen gespielt. Ich musste ganz allein spielen.«

MUTTER: »Das hat dich bestimmt verletzt.«

TIM: »Das kannst du glauben.«

Beide Male hat sich die Mutter bemüht, den emotionalen Gehalt zu erkennen und ihn dann dem Kind spiegelhaft vor Augen zu halten. Weil die Mutter ihre Interpretation als Vermutung und nicht als Feststellung formuliert hat, konnte Julia die Beobachtung der Mutter und ihre eigene Gefühlsregung präzisieren. Bei beiden Dialogen hat das reflektierende Zuhören eine offenere und effektivere Kommunikation ermöglicht.

Zorn ist eine Art »Deckmantel«, unter dem sich eine Reihe anderer Emotionen verbergen können. Verhält ein Kind sich zornig, dann wird es in Wirklichkeit vielleicht von einem anderen Gefühl umgetrieben.

Aufmerksamkeit ist vor allem geboten, wenn sich Kinder zornig zeigen. Zorn ist eine Art »Deckmantel«, unter dem sich eine Reihe anderer Emotionen verbergen können. Mit anderen Worten: Verhält Ihr Kind sich zornig, dann wird es in Wirklichkeit vielleicht von einem anderen Gefühl umgetrieben. Dafür ein Beispiel:

Der 17-jährige Chris erhält einen Anruf von seiner Freundin Susanne. Susanne erklärt ihm, dass es zwischen ihnen aus ist, weil sie jetzt mit Georg geht. Nach Beendigung des

Gesprächs wirft Chris den Hörer auf die Gabel, flucht wie der Teufel, tritt gegen einen Stuhl, wirft sich aufs Sofa und schleudert ein Kissen durch die Gegend.

An der Oberfläche erscheint Chris zornig. Aber vermutlich ist seine wahre Empfindung anderer Natur. Wahrscheinlich fühlt er sich verlassen, zurückgestoßen, verraten, ängstlich oder einsam oder mehreres davon. Weil er sich dessen selbst noch nicht ganz sicher ist, wählt er zunächst den einfachsten, umfassendsten und naheliegendsten Gefühlsausdruck: Zorn.

Spinnen wir unser Beispiel weiter. Chris hat gerade das Kissen in eine Ecke gefeuert, da betritt sein Vater das Zimmer und spricht Chris an:

VATER: »Du lieber Himmel! Junge, was ist denn mit dir los? Du siehst aus, als ob du jemanden verschlingen wolltest.«

CHRIS: »Ach, diese blöde Kuh von Susanne! Sie hat Schluss gemacht. Sie ist lieber mit Georg zusammen. Mit diesem alten Knacker, das ist doch nicht zu fassen!« (Er schleudert ein weiteres Kissen in die Ecke.)

VATER: »Na na, Junge. Ich weiß, dass du sauer bist, aber du musst dich wieder beruhigen. Du findest eine neue Freundin. Jetzt ärgert dich der Verlust, oder?«

CHRIS: »Ach zum Teufel! Du verstehst einfach gar nichts!« (Chris stürmt davon.)

Obzwar besorgt, hat der Vater nur auf Chris' Ärger reagiert und nicht versucht, unter die Oberfläche zu schauen. Daher fühlt Chris sich unverstanden, rennt davon und lässt den Vater verwirrt zurück. Würde der Vater mehr Einfühlungsvermögen für Chris' verdeckte Gefühle aufbringen wollen, könnte das Gespräch ungefähr folgendermaßen verlaufen:

VATER: »Du lieber Himmel! Junge, was ist denn mit dir los? Du siehst aus, als wolltest du jemanden verschlingen.«

CHRIS: »Ach, diese blöde Kuh von Susanne! Sie hat Schluss gemacht. Sie ist lieber mit Georg zusammen. Mit diesem alten Knacker, das ist doch nicht zu fassen!« (Er schleudert ein weiteres Kissen in die Ecke.)

VATER: (Setzt sich neben Chris.) »He, ich weiß, dass es ein mieses Gefühl ist, wenn man den Laufpass bekommt. Man fragt sich unweigerlich, was faul an einem ist, stimmt's?«

CHRIS: »Ja, das stimmt. Ich hab's einfach nicht für möglich gehalten, dass Susanne sowas tun würde.«

VATER: »Jedes Mal, wenn ein Mädchen mich hat sitzen lassen, hätte ich am liebsten alles kurz und klein geschlagen. Aber wenn ich mich abgeregt hatte, wurde mir klar, dass ich bloß verletzt war.«

CHRIS: »Ja, es tut richtig weh.«

VATER: (Legt den Arm um Chris) »Ich weiß, mein Junge.«

Statt Chris' Empfindungen herunterzuspielen und ihn voreilig aufzufordern, sich zusammenzureißen, hat der Vater festzustellen und in Worten festzuhalten versucht, was sein Sohn empfindet. Ich denke, dass Chris sich auch in Zukunft an ihn wenden wird, wenn er überfordert oder verunsichert ist.

In vielen Fällen ist es notwendig, den emotionalen und den verbalen sachlichen Gehalt einer Mitteilung zu reflektieren. Indem Eltern beide Ebenen ansprechen, können sie demonstrieren, dass sie aktiv zuhören. Außerdem kann so das Kind sowohl Tatbestände als auch mitschwingende Gefühle richtig stellen. Nicht vergessen sollten Eltern, ihre interpretierenden Antworten als Vermutungen zu formulieren. Hier das vorbildliche Beispiel eines Vaters:

DANIEL: »Das war eine doofe Geburtstagsparty! Ich wünschte, ich wär gar nicht erst eingeladen gewesen. Keiner hat mit mir gespielt.«

VATER: »Hast du dich von deinen Freunden ausgeschlossen gefühlt?«

DANIEL: »Naja, sie haben mich zwar mitspielen lassen, aber sie waren nicht besonders nett zu mir.«

VATER: »Du fühlst dich also verletzt, weil sie gemein zu dir waren?«

DANIEL: »Ja.«

Dieser Vater hat beide Ebenen der Mitteilung angesprochen, die emotionale wie auch die sachliche. Dies hat Daniel ermöglicht, seine Gefühle offen auszudrücken und den Tatbestand klarzustellen. Auf diese Weise hat der Vater den Weg für eine ungehinderte Kommunikation über das faktische und das emotionale Erlebnis geebnet.

Reflektierendes Zuhören mag Ihnen am Anfang etwas seltsam vorkommen. Die meisten Eltern sind es nicht gewöhnt, im Gespräch einen Gang herunterzuschalten und sich zu überlegen, wie sie ihre Reaktionen formulieren sollen. Sicher ist es bequemer, spontan und ohne Nachdenken zu antworten, aber wie für jede Fertigkeit, die man erlernt, gilt auch für reflektierendes Zuhören die Regel: Übung macht den Meister.

Offene und verhinderte Kommunikation

Wenn Sie Ihrem Kind zum Gespräch zur Verfügung stehen und ihm ein guter Zuhörer sind, dann werden Sie ein von Sicherheit und Vertrauen geprägtes Klima schaffen, in dem echte und effektive Kommunikation gedeihen kann. Tun Sie dies ungenügend oder gar nicht und legen Sie destruktive Verhaltensmuster an den Tag, so erreichen Sie das Gegenteil: Ihr Kind wird nicht das Gefühl haben, dass Sie ihm als bereitwilliger und aufmerksamer Gesprächspartner zur Verfügung stehen.

Wenn Sie Ihrem Kind zum Gespräch zur Verfügung stehen und ihm ein guter Zuhörer sind, dann werden Sie ein von Sicherheit und Vertrauen geprägtes Klima schaffen.

Test

Anhand der folgenden fünf Gesprächssituationen können Sie Ihr Feingespür nun testen. Entscheiden Sie, ob die Situationen beispielhaft für eine offene oder für eine verhinderte Eltern-Kind-Kommunikation sind; ziehen Sie dafür die in diesem Kapitel behandelten Erziehungs- und Zuhörmethoden heran. Prüfen Sie anschließend, ob Ihre Einschätzungen mit meinem Kommentar übereinstimmen.

Situation 1

SONJA: »Entschuldige, dass ich so spät komme, Papa. Stell dir vor, was heute in der Schule passiert ist! Weil Jenny die siebte Stunde geschwänzt hat, ist sie eine Woche lang vom Unterricht suspendiert.«

VATER: »Na, toll. Ich hoffe, du begreifst jetzt, warum diese Jenny ein schlechter Umgang für dich ist. Ich bin sicher, dass sie die Strafe verdient hat.«

Ist diese Kommunikation offen oder verhindert?

- ❑ Offen
- ❑ Verhindert

Situation 2

TOM: »Mama, kannst du dafür sorgen, dass Jan nicht in mein Zimmer kommt? Er bringt immer meine Sachen durcheinander und nervt mich bei meinen Schulaufgaben.«

MUTTER: »Warum machst du nicht einfach deine Tür zu?«

Ist diese Kommunikation offen oder verhindert?

- ❑ Offen
- ❑ Verhindert

Situation 3

MARTIN: »Ich verstehe nicht, warum ich nicht bis Mitternacht ausgehen darf. Alle meine Freunde dürfen das.«

VATER: »Du findest es also unfair, dass du um halb zwölf zu Hause sein musst?«

Ist diese Kommunikation offen oder verhindert?

- ❑ Offen
- ❑ Verhindert

Situation 4

MAJA: »Ich kann es nicht fassen, dass Stefan Julia zum Tanzen eingeladen hat und nicht mich. Wir waren doch schon dreimal zusammen aus.«

MUTTER: »Mach dir nichts draus, Schatz. Du findest bestimmt einen anderen zum Ausgehen.«

Ist diese Kommunikation offen oder verhindert?

- ❑ Offen
- ❑ Verhindert

Situation 5

DAMIAN: »Mama, ich hab wirklich gelernt für die Mathe-Arbeit. Ich weiß gar nicht, was los ist. Wahrscheinlich bin ich einfach zu blöd für Mathe.«

MUTTER: »Du bist wohl frustriert und möchtest am liebsten das Handtuch werfen?«

DAMIAN: »Das kannst du laut sagen! Aber ich will nicht wieder die ganzen Ferien pauken müssen. Könnte ich nicht jetzt Nachhilfe bekommen?«

Ist diese Kommunikation offen oder verhindert?

- ❑ Offen
- ❑ Verhindert

Kommentar

Situation 1

Die Kommunikation ist eindeutig verhindert. Dieser Vater hat sich auf das Zuweisen von Schuld verlegt. Weil er derart abwertend gesprochen hat, wird Sonja wenig Lust haben, diesen Dialog fortzusetzen, und vermutlich in Zukunft zögern, sich an ihren Vater zu wenden.

Situation 2

Die belehrende Haltung der Mutter verhindert die Kommunikation. Statt den Ärger und Frust des Sohnes über die Verletzung seiner Privatsphäre anzuerkennen, erteilt sie ihm ungefragt sofort einen Ratschlag.

Situation 3

Dieser Vater fördert zweifellos eine offene Kommunikation. Seine Nachfrage reflektiert das Gefühl des Sohnes, unfair behandelt zu werden, und öffnet die Tür für eine Vertiefung des Gesprächs. Auch wenn ihm die Ausgehzeit nicht verlängert werden sollte, wird Martin gewiss zu schätzen wissen, dass der Vater seine Beschwerde und sein Gefühl beachtet hat.

Situation 4

Diese Mutter antwortet ihrer Tochter mit einer klassischen Beschwichtigungsfloskel. Leider spielt sie damit die Gefühle ihrer Tochter herunter und verhindert eine echte Kommunikation.

Situation 5

Diese kluge Mutter erteilt weder voreilige Ratschläge, noch beschönigt sie die Enttäuschung ihres Sohnes. Sie respektiert seine Gefühle und gibt ihm außerdem Gelegenheit, selbst nach einer Lösung zu suchen. Damian wird sicher auch in Zukunft Probleme gern mit seiner Mutter besprechen.

Nonverbale Kommunikation

Es wäre eine sträfliches Versäumnis, beim Thema effektive Eltern-Kind-Kommunikation die Bedeutung der nonverbalen Kommunikation unter den Tisch fallen zu lassen. (Das gilt nicht minder, wenn das Kind das Teenageralter erreicht hat.) Eltern müssen für die nonverbalen Hinweise ihres Kindes empfänglich sein, denn diese sagen sehr viel über seine jeweilige Gemütsverfassung aus. Kinder wiederum besitzen äußerst feine Empfangsantennen für die nonverbalen Signale ihrer Eltern.

Eltern müssen für die nonverbalen Hinweise ihres Kindes empfänglich sein, denn diese sagen sehr viel über seine jeweilige Gemütsverfassung aus. Kinder wiederum besitzen äußerst feine Empfangsantennen für die nonverbalen Signale ihrer Eltern.

Wie bereits ausgeführt, ist es für eine unverstellte Kommunikation von entscheidender Bedeutung, Kinder zum Ausdrücken ihrer Gefühle zu ermuntern. Das können Sie elegant tun, indem Sie konstruktiv auf die nonverbalen Äußerungen Ihres Kindes reagieren, zum Beispiel auf folgende Weisen:

> »Du verdrehst die Augen. Das heißt, dass du nicht einverstanden bist, oder etwa nicht?«
>
> »Du scheinst sehr zufrieden mit dir zu sein.« (Reaktion auf ein Lächeln)
>
> »Es sieht ganz so aus, als wärst du enttäuscht, weil du nicht mit Jan spielen kannst. Willst du darüber reden?«

Von nicht minderer Bedeutung ist der nonverbale Ausdruck der Eltern. Nichts lässt ein Kind schneller verstummen als Eltern, die behaupten zuzuhören, während ihre Aufmerksamkeit ganz offensichtlich anderen Dingen gilt.

Hier sind einige Tipps dafür, wie Sie Ihr nonverbales Kommunikationsverhalten verbessern können:

- Halten Sie in Ihrer Tätigkeit inne, und widmen Sie Ihrem Kind Ihre volle Aufmerksamkeit.
- Stellen Sie Augenkontakt her.
- Beugen Sie sich vor, vor allem wenn Ihr Kind Ihnen etwas mitteilen will, das ihm wichtig ist.
- Unterbrechen Sie Ihr Kind nicht. Wenn Sie es ausreden lassen, vermitteln sie ihm Anteilnahme und ernsthaftes Interesse.
- Nicken Sie hier und da.
- Lächeln Sie, wenn es angebracht ist. Dann weiß Ihr Kind, dass es Ihnen nicht lästig ist, mit ihm zu reden.
- Ein gelegentliches »Aha« oder »Mm« vermittelt Ihrem Kind, dass Sie aktiv zuhören.

Offene Kommunikation trägt reiche Früchte

Mit zunehmender Kommunikationsfähigkeit werden Eltern bedeutende Veränderungen wahrnehmen. Das Kind wird seine Belange vorbehaltloser an sie herantragen und, da es das Gefühl hat, gehört und verstanden zu werden, elterliche Ratschläge eher annehmen wollen. Es wird aus der Kommunikationsfähigkeit der Eltern lernen und weniger Probleme mit Geschwistern und Freunden haben.

Offene, effektive Kommunikation gewinnt mit zunehmendem Alter des Kindes an Bedeutung. Kommt das Kind in die Pubertät, müssen sich die Eltern mehr und mehr auf ihre (verbale wie nonverbale) Kommunikationsfähigkeit verlassen, da ihre direkte Einflussnahme unaufhaltsam schwindet. Je früher Sie als Eltern sich diese Fähigkeit aneignen, desto gelassener können Sie Ihr Kind bei seinem gefahrvollen Flüggewerden begleiten und beobachten.

GEDÄCHTNISSTÜTZEN

Ermöglichen Sie offene Kommunikation!

1 **Je älter das Kind, als desto wirkungsvolleres Mittel elterlicher Einflussnahme erweist sich offene Kommunikation.**

2 **Offene Kommunikation reduziert Machtkämpfe zwischen Eltern und Kind.**

3 **Widmen Sie Ihrem Kind, ob noch klein oder schon jugendlich, Ihre volle Aufmerksamkeit, wenn Sie mit ihm kommunizieren.**

4 **Verhindern Sie offene Kommunikation nicht durch destruktive Verhaltensmuster wie:**

- ✗ Autoritäres Auftreten
- ✗ Oberlehrerhaftes, belehrendes Gehabe
- ✗ Operieren mit Vorwürfen und Schuldzuweisungen
- ✗ Beschwichtigendes Abwiegeln

5 **Zuhören ist eine Aktivität, kein passiver Vorgang.**

6 **Demonstrieren Sie, wann immer es geht, Ihre Kunst des reflektierenden Zuhörens.**

Selbsttest zu Regel Nummer 4

1 Was entwickelt sich langfristig zum effektivsten Instrument elterlicher Einflussnahme?

- ❑ A: Autoschlüssel
- ❑ B: Kürzen von Vergünstigungen
- ❑ C: Lob
- ❑ D: Kommunikation

2 Welche Art von Vorgang ist Zuhören?

- ❑ A: Ein aktiver
- ❑ B: Ein passiver

3 »Sollte« ist das Lieblingswort von .... Eltern.

- ❑ A: Autoritären
- ❑ B: Belehrenden
- ❑ C: Vorwurfsvollen
- ❑ D: Beschwichtigenden

4 .... Eltern liegt vor allem daran, dass sie nicht die Kontrolle verlieren.

- ❑ A: Autoritären
- ❑ B: Belehrenden
- ❑ C: Vorwurfsvollen
- ❑ D: Beschwichtigenden

5 .... Eltern neigen zu voreiligen Phrasen im Umgang mit den Problemen und Gefühlswallungen ihres Kindes.

- ❑ A: Autoritäre
- ❑ B: Belehrende
- ❑ C: Vorwurfsvolle
- ❑ D: Beschwichtigende

6 Das vorrangige Ziel von .... Eltern besteht darin, dem Kind zu verstehen zu geben, dass sie älter, klüger und immer im Recht sind.

- ❑ A: Autoritären
- ❑ B: Belehrenden
- ❑ C: Vorwurfsvollen
- ❑ D: Beschwichtigenden

7 Kommunikation spielt sich auf zwei Ebenen ab, der sachbezogenen und der .... Ebene.

8 Folgendes Gesprächsverhalten führt dem Kind die sachlichen und emotionalen Informationen eines Gesprächs in anderen Worten vor Augen:

- ❑ A: Vorbehaltlose Liebe
- ❑ B: Problemlösung
- ❑ C: Reflektierendes Zuhören
- ❑ D: Verbale Erwiderungen

Auflösung des Tests zu Regel Nummer 4:

1 Was entwickelt sich langfristig zum effektivsten Instrument elterlicher Einflussnahme?

Antwort D: Je älter das Kind wird und je weniger die Eltern unmittelbar Einfluss ausüben können, desto stärker fällt offene Kommunikation ins Gewicht.

2 Welche Art von Vorgang ist Zuhören?

Antwort A: Kindern zuzuhören meint wesentlich mehr als das Empfangen von Lautsignalen.

3 »Sollte« ist das Lieblingswort von .... Eltern.

Antwort B: Mit diesem Wort entlarven sich belehrende Eltern.

4 .... Eltern liegt vor allem daran, dass sie nicht die Kontrolle verlieren.

Antwort A: Autoritär auftretende Eltern pochen, aus welchem Grund auch immer, auf ihre Macht und wollen von dieser nichts abgeben.

5 .... Eltern neigen zu voreiligen Phrasen im Umgang mit den Problemen und Gefühlswallungen ihres Kindes.

Antwort D: Beschwichtigende Eltern greifen gern zu solchen Floskeln, um Probleme zu verharmlosen.

6 Das vorrangige Ziel von .... Eltern besteht darin, dem Kind zu verstehen zu geben, dass sie älter, klüger und immer im Recht sind.

Antwort C: Vorwurfsvolle Eltern arbeiten gern mit Beschuldigungen, Herabwürdigungen und der Einleitung: »Habe ich dir nicht gesagt ...«

7 Kommunikation spielt sich auf zwei Ebenen ab, der sachbezogenen und der .... Ebene.

Antwort: Emotionalen Ebene. In vielen Dialogen sind die unterschwelligen Gefühle so wichtig oder wichtiger noch als die Fakten.

8 Folgendes Gesprächsverhalten führt dem Kind die sachlichen und emotionalen Informationen eines Gesprächs in anderen Worten vor Augen:

Antwort C: Reflektierendes Zuhören vermittelt Kindern das Gefühl, gehört und verstanden zu werden.

Regel Nummer 5

Lassen Sie Ihr Kind Probleme selbst lösen

Wir mögen noch so großartige Eltern sein, bewahren können wir unsere Kinder vor Schwierigkeiten und Hindernissen nicht. Probleme gehören zum Leben, aber den meisten Eltern fällt es schwer, ihre Kinder mit ihnen ringen zu sehen.

Als Erwachsene, die schon einiges mitgemacht haben, tendieren Eltern dazu, ihre Lebenserfahrung einzusetzen, um ihrem Kind Schmerzen und Enttäuschungen, die sie selbst erlebt haben, zu ersparen. Es ist ein natürlicher Impuls, sein Kind vor Fehlern und fehlgeleiteten Entscheidungen behüten zu wollen. In dem Wunsch, ihr Kind zu lenken und zu beschützen, tappen Eltern leicht in die »Lass-mich-mal-machen«-Falle.

Wenn wir immer sofort zur Stelle sind, um die Probleme unseres Kindes zu lösen, dann berauben wir es der Möglichkeit, die logischen Konsequenzen seines Tun und Denkens zu erfahren und aus ihnen zu lernen. Unbewusst fördern wir damit seine Abhängigkeit, nicht seine Eigenständigkeit. Auch nähren wir seinen Frust und Groll, weil es sein natürliches Bedürfnis, etwas auszuprobieren und seinen Horizont zu erweitern, nicht ausleben darf.

Empfangen Jugendliche immerzu Ratschläge, statt eigene Erfahrungen machen zu dürfen, besteht die Gefahr, dass sie in ungesunde Abhängigkeit von den Eltern geraten oder ein überzogenes Trotzverhalten entwickeln. Stellt sich der elterliche Rat als gut heraus, neigen sie dazu, das positive Resultat den Eltern und nicht ihrer eigenen Überlegung und Initiative zuzuschreiben. Hat er sich umgekehrt als schlecht erwiesen, machen Jugendliche ebenso rasch die Eltern verantwortlich, anstatt aus den selbst verschuldeten Fehlern zu lernen.

Empfangen Jugendliche immerzu Ratschläge, statt eigene Erfahrungen machen zu dürfen, besteht die Gefahr, dass sie in ungesunde Abhängigkeit von den Eltern geraten oder ein überzogenes Trotzverhalten entwickeln.

Richards Eltern begingen diesen Fehler, als der Junge Schwierigkeiten mit dem Fußballtrainer bekam. Eines Abends kehrte Richard von Training heim und beschwerte sich bitterlich, dass der Trainer ihn nicht lange genug spielen ließe. In bester Absicht riet ihm der Vater, mit dem Trainer über seine Unzufriedenheit zu sprechen.

Am nächsten Abend kam Richard wütend und weinend nach Hause. Er hatte den Tipp des Vaters befolgt, mit dem Trainer geredet und folgende Kritik einstecken müssen: Er, Richard, würde sich beim Training nicht genügend konzentrieren und anstrengen; erst wenn sich das deutlich bessern würde, werde er länger spielen dürfen.

Richard schob natürlich seinem Vater die Schuld in die Schuhe, weil dieser ihm zu dem Gespräch geraten hatte. Der Vater hatte durch seinen Vorschlag Richard die Gelegenheit genommen, selbst eine Lösung zu finden. Damit hatte er unabsichtlich eine Situation geschaffen, in der Richard seiner eigenen Verantwortung nicht ins Auge sehen musste und stattdessen den Vater beschuldigen konnte, ihn schlecht beraten zu haben.

Die Angewohnheit, Angelegenheiten der Kinder selbst in die Hand zu nehmen, eignen Eltern sich oft schon an, wenn die Sprösslinge noch sehr klein sind. Im hektischen Alltag ist es häufig bequemer, etwas schnell selbst zu erledigen, anstatt sich Zeit zu nehmen und dem Kind beizubringen, wie es die Aufgabe eigenständig bewältigen kann. Diana, Mutter des sechsjährigen Derrik, weiß das leider nur zu gut:

> »Es gelingt mir einfach nicht, Derrik morgens angezogen und pünktlich aus dem Haus zu schicken. Wir sind immer in Eile. Derrik beginnt, sich anzuziehen, und eine Weile später hockt er halb angekleidet vor dem Fernseher. Am Ende ziehe ich ihm die Schuhe an und knöpfe sein Hemd zu, nur damit wir pünktlich aus dem Haus kommen.«

Sehen Sie das Problem? Für den kleinen Derrik gibt es keinen Grund, sich selbst anzuziehen. Seine Mutter wird es ihm zu einem bestimmten Zeitpunkt abnehmen. Damit nicht genug, kann Derrik sich auch noch Zeichentrickfilme anschauen. Warum also soll er lernen, sich selbst anzuziehen?

Um das leidige Thema dauerhaft erfolgreich abzuschließen, muss Diana anfänglich etwas zusätzliche Mühe in Kauf nehmen. Sie muss sich die Zeit nehmen, die morgendliche Routine so zu strukturieren, dass Derrik motiviert wird, sich selbst anzuziehen, und die logischen Konsequenzen seines Tuns beziehungsweise Lassens zu spüren bekommt.

Diana könnte das Thema beispielsweise in Ruhe abends vor dem Zubettgehen aufbringen und Derrik die neuen Regel erläutern, die am nächsten Morgen in Kraft treten: Fortan müsse er in seinem Zimmer bleiben, bis er sich vollständig, da heißt inklusive Schuhe, angezogen habe. Erst dann werde er fernsehen dürfen.

Diana sollte die Neuregelung so positiv wie möglich darstellen und ihren festen Glauben unterstreichen, dass es Derrik gelingen wird, sich so schnell anzuziehen, dass er sich noch Zeichentrickfilme ansehen kann. Sie sollte Derrik beim Ankleiden nur behilflich sein, wenn er mit einem

Handgriff nicht zurechtkommt und sie um Hilfe bittet, und ihm dann zeigen, wie er es beim nächsten Mal allein schafft.

Mit nur ein wenig strategischer Beharrlichkeit also kann Diana eine Situation herstellen, in der:

1. Derrik mit mehr Fernsehzeit belohnt wird, wenn er sich schnell anzieht.
2. Derrik Fernsehzeit verliert, wenn er bummelt.
3. Diana ihren Sohn loben und sein Selbstwertgefühl aufbauen kann, statt wie bislang ständig seine Trödelei zu kritisieren.
4. Derrik lernt, unabhängiger und verantwortlicher zu handeln.

Die zehnjährige Annette ist eines von sechs Kindern. Damit diese recht große Familie den Alltag bewältigen kann, ist jedes Kind für ein paar Aufgaben zuständig. Annettes Pflicht ist es, das Geschirr, nachdem ihre Geschwister es abgetragen und vorgespült haben, in die Spülmaschine zu räumen. Allabendlich aber versuchte Annette sich davor zu drücken und focht einen regelrechten Machtkampf mit den Eltern aus. Irgendwann hatte sie die beiden so weichgekocht, dass sie einen Teil von Annettes Jobs selbst erledigten.

Das Problem ließ sich lösen, als die Eltern beschlossen, eine logische Konsequenz zu ziehen. Nach dem Abendessen fuhr Annette immer noch eine Weile mit ihren Freunden Rad, und dies nutzten die Eltern nun als Anreiz: Hatte Annette die Spülmaschine eingeräumt, durfte sie noch Fahrrad fahren. Hatte sie es nicht oder nur meckernd getan, durfte sie an diesem Abend nicht mehr aus dem Haus. Je flinker Annette also ihrer Pflicht nachkam, umso mehr Zeit konnte sie draußen verbringen. Diese Lösung war einfach, aber wirksam.

Kinder die logischen Konsequenzen ihres Tuns spüren zu lassen, dies ist ein Erfolgsrezept im Umgang mit Kindern jeden Alters, auch Jugendlichen. Kommt zum Beispiel Ihre jugendliche Tochter zum Abendessen grundsätzlich zu spät, dann bewahren Sie ihr kein Essen auf. Die logische Konsequenz ihrer Verspätung – hungrig bleiben oder sich selbst etwas zu essen machen müssen – wird Ihrer Tochter eine überzeugendere Lehre sein als andere Erziehungsmaßnahmen.

Ähnlich wird Ihr jugendlicher Sohn, der nie daran denkt, seine schmutzigen Klamotten in den Wäschekorb zu stecken, sich eines Besseren besinnen, wenn er eines Morgens keine saubere Kleidung für die Schule findet. Es zahlt sich übrigens nicht schlecht aus, wenn Sie ihm bei dieser Gelegenheit voll und allein die Verantwortung für seine Wäsche übertragen. Vergessen Sie nicht: Ihr wichtigstes erzieherisches Ziel sollte darin bestehen, das aus Ihren Kindern selbstständige, verantwortungsbewusste Erwachsene werden.

So richtig und wichtig es ist, dass Kinder aus den Folgen ihres Tuns lernen, so notwendig ist zuweilen elterliches Eingreifen. Dies wird zum Beispiel dann erforderlich, wenn es um die Sicherheit des Kindes oder die Rechte und Bedürfnisse von anderen geht.

So steht die Sicherheit Ihres Kindes auf dem Spiel, wenn es auf einer zu befahrenen Straße Fußball spielen will. Die logische Konsequenz, von einem Auto überfahren zu werden, steht außer Diskussion. Hier ist elterliche Intervention nötig – ebenfalls wenn ein Teenager seinen CD-Player so laut aufdreht, dass er andere Menschen empfindlich stört.

Eine spezielle Kunst: Gemeinschaftliches Problemlösen

Müssen Eltern direkt eingreifen, sollten sie das Kind gleichwohl in die Entscheidung einbeziehen. Diese Methode nennt sich gemeinschaftliches Problemlösen. Ein Problem gemeinsam mit dem Kind zu lösen, statt mit Befehlen zu operieren, erfordert zwar ein wenig mehr Zeit und Mühe, aber es reduziert auch das Risiko eines Machtkampfs. Eltern, die diese Methode praktizieren, können mit einer erhöhten Kooperationsbereitschaft des Kindes rechnen. Und ist das Problem gelöst, können sie das gute Gefühl genießen, etwas erreicht zu haben.

Gemeinschaftliches Problemlösen beginnt mit einer ruhigen, klaren Darlegung des Problems, das zur Debatte steht. Einzelheiten sollten erst diskutiert werden, wenn die Gemüter sich etwas abgekühlt haben. Verzichten Sie auf Anklagen und Schuldzuweisungen! Beschränken Sie sich auf eine knappe Darstellung des Problems, zum Beispiel:

> »Mein Sohn, ich habe heute morgen festgestellt, dass dein Fahrrad wieder hinter meinem Auto lag.«

> »Wenn du nach zehn Uhr so laut Musik hörst, können dein Vater und ich nicht einschlafen.«

Der zweite Schritt besteht darin, Ihr Kind um mögliche Lösungen zu bitten. Beurteilen Sie keinen seiner Vorschläge, sondern nehmen Sie sie unzensiert (eventuell schriftlich) zur Kenntnis. Fallen Ihrem Kind keine Lösungen ein, dann helfen Sie ihm mit ein paar vorsichtigen Anregungen auf die Sprünge. Hilfreich sind oft Fragen wie: »Hast du daran gedacht, dass …?« und »Vielleicht könnten wir …«

Diskutieren Sie, nachdem Sie die Alternativen zusammengetragen haben, eine nach der anderen. Wählen Sie gemeinsam die vielversprechendste aus, und vereinbaren Sie (mündlich oder schriftlich), es mit ihr zu versuchen. Machen Sie einen Termin für eine zweite Besprechung aus, bei der Sie gemeinsam beurteilen werden, wie gut diese Lösung funktioniert hat.

Wie ein solches Problemlösen ablaufen könnte, soll folgendes Beispiel veranschaulichen:

Szenario 1

VATER: »Erik, als ich heute morgen ins Büro fahren wollte, habe ich festgestellt, dass dein Fahrrad wieder hinter meinem Auto lag. Ich wäre beinahe drüber gefahren.«

ERIK: »Tut mir leid, Papa.«

VATER: »Ich weiß, dass es dir leid tut. Aber da du das Problem nicht allein lösen kannst, ist es wohl an der Zeit, dass wir gemeinsam überlegen, was sich machen lässt. Warum tun wir's nicht gleich? Hast du einen Vorschlag?«

ERIK: (Schmunzelnd.) »Naja, du könntest hinters Auto schauen, ehe du losfährst.«

VATER: (Mit Pokerface.) »Okay, was noch?«

ERIK: »Ich könnte daran denken, es in die Garage zu stellen.«

VATER: »Noch was?«

ERIK: »Nein, mehr fällt mir nicht ein.«

VATER: »Hm, vielleicht sollte ich das Fahrrad beim nächsten Mal, wenn ich es hinter dem Auto entdecke, für eine Woche aus dem Verkehr ziehen, als kleine Gedächtnisstütze? Oder ich fahre wirklich drüber.«

ERIK: »Ich weiß nicht, ob mir diese Aussichten so gut gefallen.«

VATER: »Lass uns die Sache mal genauer betrachten. Es hat wohl keinen Sinn, einfach weiter darauf zu setzen, dass du's nicht vergisst. Das haben wir inzwischen ja ohne Erfolg probiert, stimmt's?«

ERIK: »Sieht so aus. Aber ich will auf keinen Fall, dass du mein Fahrrad platt fährst. Ich habe es doch erst zu Weihnachten bekommen.«

VATER: »Na, vielleicht können wir ja die zwei letzten Alternativen kombinieren. Du möchtest, dass ich hinter das Auto schaue, bevor ich losfahre. Das kann ich machen. Wenn ich dein Rad dort finde, nehme ich es eine Woche weg. Klingt das fair?«

ERIK: »Können wir uns nicht auf zwei Tage statt einer ganzen Woche einigen?«

VATER: »Wenn du glaubst, dass zwei Tage ausreichend sind, können wir es versuchen. In zwei Wochen setzen wir uns wieder zusammen und schauen, ob es geklappt hat, okay?«

ERIK: »In Ordnung, Papa. Danke.«

Eriks Vater hätte ohne weiteres zornig werden und in die Luft gehen können. Anstatt jedoch einen unergiebigen Machtkampf zu entfachen, versucht er das Problem im Verein mit dem Sohn zu lösen. So kann auch Erik sich in der Kunst des Problemlösens und der Kooperation üben und wird sich mit hoher Wahrscheinlichkeit an die Abmachung halten, weil er selbst an ihr mitgewirkt hat. Wenn die beiden nach Ablauf der vereinbarten Zwei-Wochen-Frist Rücksprache halten, können sie, falls notwendig, die Lösung modifizieren. Erweist sein Vorgehen sich als erfolgreich, hat der Vater eine herrliche Gelegenheit, Eriks Verantwortungsbewusstsein zu loben und seine Selbstachtung zu fördern.

Lassen Sie mich Ihnen ein weiteres Beispiel für das konstruktive Lösen eines Problems mithilfe des Kindes geben.

Szenario 2

MUTTER: »Julia, hast du heute Hausaufgaben auf?«

JULIA: (Schaut zu Boden.) »Naja, wir sollen ein Mathe-Übungsblatt ausfüllen, aber das hab ich in der Schule vergessen.«

MUTTER: »Das ist das dritte Mal in dieser Woche, dass du Unterlagen für die Hausaufgaben nicht mitbringst.«

JULIA: »Ich weiß, Mama, tut mir Leid.«

MUTTER: »Also mein Schatz, ich glaube, wir müssen uns mal hinsetzen und darüber reden. Wir müssen uns etwas ausdenken, damit du die Unterlagen nicht ständig vergisst. Sonst wird sich das auf deine Noten auswirken.«

JULIA: »Ich weiß, Mama.«

MUTTER: »Hast du einen Vorschlag zu machen?«

JULIA: »Ich kann mich mehr anstrengen, es nicht zu vergessen.«

MUTTER: »Okay, was könnte sonst noch funktionieren?«

JULIA: »Ich könnte Susanne anrufen, wenn ich zu Hause bin, und sie fragen, was wir aufhaben.«

MUTTER: »Das ist auch eine Idee. Mir kam gerade der Gedanke, ein Hausaufgabenblatt zu verwenden. In das könntest du die Aufgaben eintragen. Wenn du das Blatt bei Schulschluss vom Lehrer abzeichnen lässt, kannst du sicher sein, dass du alle Aufgaben beisammen hast.«

JULIA: »Ich weiß nicht ...«

MUTTER: »Lass uns mal sehen ... Du hast vorgeschlagen, immer nach der Schule bei Susanne anzurufen. Meinst du nicht, dass sie es irgendwann satt hat, dir die Hausaufgaben durchzugeben?«

JULIA: »Ja, wahrscheinlich.«

MUTTER: »Also, was hältst du vom Hausaufgabenblatt?«

JULIA: »Mama, ich will nicht jeden Tag zum Lehrer gehen müssen und das Blatt abzeichnen lassen. Da sehe ich ja aus wie ein Trottel.«

MUTTER: »Also, hör zu. Wir entwerfen jetzt mal am Computer so ein Blatt. Wenn du mir beweisen kannst, dass du allein in der Lage bist, deine Hausaufgaben einzutragen und alle Unterlagen heimzubringen, dann musst du das Blatt nicht abzeichnen lassen. Lass uns das zwei Wochen lang probieren und sehen, ob's klappt. Was hältst du davon?«

JULIA: »Ich glaub, das funktioniert. Danke, Mama.«

Die Mutter hat Julia nicht nur das Gefühl vermittelt, an der Entscheidungsfindung teilzuhaben, sondern ihr auch einen starken Erfolgsanreiz (das Aufgabenblatt nicht vom Lehrer abzeichnen lassen zu müssen) geliefert. Wenn sie in zwei Wochen nachhakt, wird sie Julia entweder mit Lob belohnen können oder eine wirksamere Strategie entwerfen müssen.

Gemeinschaftliches Problemlösen birgt unschätzbare Vorteile: Es korrigiert das unerwünschte Verhalten des Kindes, es bringt ihm bei, wie man Konflikte bewältigt, und es fördert sein Selbstbewusstsein, seine Eigenständigkeit und sein Verantwortungsgefühl.

Lassen Sie mich abschließend festhalten: Eltern tun gut daran, wenn sie nicht nach der Devise handeln: »Lass mich das mal machen.« Vielmehr sollten sie wann immer möglich ihr Kind die natürlichen und folgerichtigen Konsequenzen seines Denkens und Handelns spüren lassen, damit es aus seinen Erfahrungen lernen kann. Ein direkteres Eingreifen der Eltern ist hingegen gefragt, wenn die Sicherheit des Kindes und die Rechte anderer Menschen gefährdet sind. Dann sollten die Eltern das Problem nicht autoritär, sondern zusammen mit dem Kind zu lösen versuchen. Diese Methode birgt unschätzbare Vorteile: Sie korrigiert das unerwünschte Verhalten des Kindes, sie bringt ihm bei, wie man Konflikte bewältigt, und sie fördert sein Selbstbewusstsein, seine Eigenständigkeit und sein Verantwortungsgefühl.

Gedächtnisstützen

Lassen Sie Ihr Kind Probleme selbst lösen!

1 Lassen Sie Kinder, wann immer möglich, aus logischen Konsequenzen lernen.

2 Probleme anstelle der Kinder zu lösen führt zu Ablehnung und Abhängigkeit.

3 Kinder aus logischen Konsequenzen lernen zu lassen ist nicht angebracht, wenn des Kindes Sicherheit gefährdet ist oder die Rechte anderer verletzt werden.

4 Wenden Sie die Methode des Problemlösens an, wenn direktes elterliches Eingreifen notwendig ist.

Selbsttest zu Regel Nummer 5

1 Wer sein Kind Probleme nicht selbst lösen lässt, fördert:

- ❑ A: Abhängigkeit
- ❑ B: Frustration
- ❑ C: Widerstand
- ❑ D: Alle oben erwähnten Zustände

2 Ihr Kind kommt seiner Aufgabe nicht nach, abends das Geschirr in die Spülmaschine zu räumen. Was wäre eine logische und erzieherisch wirksame Konsequenz?

- ❑ A: Eine Woche Stubenarrest.
- ❑ B: Kein Frühstück zu bekommen, ehe nicht das Geschirr gespült ist.
- ❑ C: Weniger fernsehen dürfen.
- ❑ D: Eine Stunde früher ins Bett gehen müssen.

3 Ein Kind die logischen Folgen seines Tuns spüren zu lassen, diese goldene Regel ist nicht angemessen, wenn:

- ❑ A: Die Rechte anderer verletzt werden.
- ❑ B: Es schon viel zu spät am Abend ist.
- ❑ C: Die Sicherheit gefährdet ist.
- ❑ D: A und C.

4 Gemeinschaftliches Problemlösen empfiehlt sich, wenn direktes elterliches Eingreifen nötig wird. Zu seinen Vorzügen zählt:

- ❑ A: Es spart Zeit.
- ❑ B: Es fördert die Kooperationsbereitschaft und reduziert Machtkämpfe.
- ❑ C: Es ist einfacher.
- ❑ D: Oprah Winfield* wäre begeistert.

5 Gemeinschaftliches Problemlösen beginnt damit, dass Sie das Problem ruhig und klar benennen. Welche der folgenden Aussagen tut dies am besten?

- ❑ A: »Ich hab dir schon x-mal gesagt, dass du keine Freunde einladen sollst, wenn Vater und ich nicht zu Hause sind.«
- ❑ B: »Wir haben Angst, dass etwas Schlimmes passiert – mit dir, deinen Freunden oder dem Haus –, wenn Freunde kommen, während wir ausgeflogen sind.«

6 Welche der folgenden Aussagen ist richtig?

- ❑ A: Problemlösungsvorschläge sollen zunächst unkommentiert gesammelt werden.
- ❑ B: Jeder Vorschlag soll beurteilt werden, sowie er aufgebracht wird.

*(*Anm. d. Ü.: Oprah Winfield ist eine ungemein populäre Talkshowmasterin. Sie verkörpert das »moralische«, das ehrliche Amerika. Ihre Stimme ist in den USA meinungsbildend.)*

Auflösung des Tests zu Regel Nummer 5:

1 Wer sein Kind Probleme nicht selbst lösen lässt, fördert:

Antwort D: Vergessen Sie nicht: Wichtigstes Ziel der Eltern sollte es sein, Kinder zu unabhängigen, verantwortungsbewussten Erwachsenen heranzuziehen.

2 Ihr Kind kommt seiner Aufgabe nicht nach, abends das Geschirr in die Spülmaschine zu räumen. Was wäre eine logische und erzieherisch wirksame Konsequenz?

Antwort B: Diese Maßnahme macht Ihrem Kind ohne Ihr direktes Eingreifen die unmittelbare Konsequenz seines Handelns bewusst.

3 Ein Kind die logischen Folgen seines Tuns spüren zu lassen, diese goldene Regel ist nicht angemessen, wenn:

Antwort D: Direktes elterliches Eingreifen ist geboten, wenn die Sicherheit des Kindes und die Rechte anderer bedroht sind.

4 Gemeinschaftliches Problemlösen empfiehlt sich, wenn direktes elterliches Eingreifen nötig wird. Zu seinen Vorzügen zählt:

Antwort B: Kinder lernen auf diese Weise, Probleme konstruktiv zu lösen, statt den Eindruck davonzutragen, dass die Eltern ihnen eine Lösung aufzwingen wollen.

5 Gemeinschaftliches Problemlösen beginnt damit, dass Sie das Problem ruhig und klar benennen. Welche der folgenden Aussagen tut dies am besten?

Antwort B: Die zweite Aussage beschreibt das Problem unmissverständlich, ohne defensive Gefühle im Kind zu wecken.

6 Welche der folgenden Aussagen ist richtig?

Antwort A: Man sollte zunächst sämtliche Ideen ohne Kommentar zur Notiz nehmen.

Regel Nummer 6

Bilden Sie mit Ihren Kindern ein Team

Die meisten Familien, die meine Hilfe in Anspruch nehmen, haben eines gemeinsam: das untrügliche Gefühl, die Familie sei durch eine unsichtbare Mauer getrennt. Meistens verläuft diese Grenzlinie zwischen Eltern und Kindern. »Wir gegen sie«, diese innere Haltung kennzeichnet das Familienleben.

Im Regelfall haben letztlich die Eltern die ausschlaggebende Macht. Dieses Ungleichgewicht der Machtverhältnisse ist sozusagen ein Gesetz der Natur. Es begünstigt einen autoritäreren Erziehungsstil, der auf Seiten der Kinder nur zu leicht Zorn, Frustration und Ablehnung schürt – Gefühle, die sich in Auflehnung und ausgedehnten Machtkämpfen Luft machen.

Derlei Machtkämpfe können vielerlei Formen annehmen. Barbara zum Beispiel hatte sich zwei Jahre nach ihrer Scheidung erstmals wieder auf eine Beziehung eingelassen. Ihrer siebenjährigen Tochter Nicola gefiel das leider gar nicht. Sie war es gewöhnt, Barbaras ungeteilte Aufmerksamkeit genießen zu können. Wenn nun der Freund der Mutter zum Abendessen kam oder sie zu dritt einen Ausflug unternahmen, zeigte Nicola keinen Funken Kooperationsbereitschaft, sondern machte Szenen. Barbara erklärte

Nicola unmissverständlich, dass sie damit rechnen müsse, Privilegien zu verlieren, wenn sie sich nicht vernünftiger aufführe. Die erhoffte Besserung trat trotzdem nicht ein.

Die Johnsons hatten mit ihrem 14-jährigen Sohn Tommy ein ähnliches Problem. Vater Johnson musste beruflich häufig verreisen und war manchmal ein oder zwei Wochen unterwegs. Sobald er heimkehrte, pflegte er Tommy zu kritisieren, weil er sein Zimmer nicht aufgeräumt, den Rasen nicht gemäht oder seine Kleider im Haus verstreut hatte. Bei unserer ersten gemeinsamen Unterredung waren Herr Johnson und Tommy sichtlich nicht gut aufeinander zu sprechen, und auch während der nächsten Sitzungen wechselten sie kaum ein Wort.

Um solche Spaltungen zu vermeiden, müssen Eltern einen kooperativeren Erziehungsstil kultivieren, der die Familie zu einem Team macht. Kinder, die sich ohne Scheu an ihre Eltern wenden und sie um Hilfe bitten können, fühlen sich von den Eltern anerkannt und bringen ihnen mehr Vertrauen entgegen als Kinder, denen ihre Eltern unerreichbar erscheinen.

Die Familienkonferenz

Familienkonferenzen sind ein äußerst wirksames Mittel, um eine partnerschaftlichere Familienatmosphäre herzustellen. Familienkonferenzen sollten regelmäßig stattfinden und den Familienmitgliedern Gelegenheit geben, die unterschiedlichsten Anliegen, Wünsche, Vorschläge, Probleme, Erfolge, Gefühle und Fragen zu diskutieren. Kein Thema darf tabu sein.

Diese regelmäßigen Treffen bieten nicht nur ein Diskussionsforum, sondern vermitteln den Familienmitgliedern auch das Gefühl, stets über das Geschehen informiert zu sein und auf dieses Einfluss nehmen zu können. Alle fühlen sich geschätzt und anerkannt, weil die Ansichten und Sorgen eines jeden Familienmitglieds angehört und berücksichtigt werden. Außerdem hängt der Haussegen weniger leicht schief, da die Regeln in partnerschaftlichem Zusammenwirken aufgestellt werden.

Die Familienkonferenz ist ein äußerst wirksames Mittel, um eine partnerschaftlichere Familienatmosphäre herzustellen.

Wenn Sie die Familienkonferenz als Institution einführen wollen, sollten Sie die folgenden Empfehlungen berücksichtigen:

1 Das Treffen muss regelmäßig zu fixen Zeiten stattfinden. Feste Termine vermitteln das Gefühl von Vorhersehbarkeit und Verlässlichkeit. So weiß jedes Familienmitglied, dass es zum Beispiel jede Woche die Möglichkeit hat, seine Anliegen vorzubringen. Die jeweilige Dauer kann sich zwischen 15 Minuten und einer Stunde bewegen.

2 Das Treffen muss ein Forum sein, auf dem alle Anwesenden offen und ehrlich sprechen können und keine Rangordnung herrscht. Eltern und Kinder sollten so gleichberechtigt wie möglich auftreten dürfen. Der Ausdruck von Gefühlen sollte erlaubt sein, so lange er sich an angemessene Formen (keine Schimpfwörter oder Schläge) hält. Jeder Beteiligte muss wissen, dass sein Anliegen wirklich gehört wird, selbst wenn das erwünschte Ergebnis ausbleiben sollte.

3 Beim Treffen soll jedes Familienmitglied Gelegenheit zum Sprechen haben. Manche Familien wählen jede Woche ein anderes Familienmitglied zum Versammlungsleiter. Einem Kind den Vorsitz für ein Treffen zu übertragen, dies vermag sein Selbstbewusstsein beträchtlich zu heben, auch wenn

vielleicht noch ein wenig Hilfe seitens eines Erwachsenen nötig ist.

4 Im Allgemeinen ist es am besten, zuerst die Kinder zu Wort kommen zu lassen. Sind ihre Anliegen angehört und besprochen worden, kommen die Eltern an die Reihe. Eltern tun gut daran, zunächst auf Fortschritte in speziellen Punkten hinzuweisen, die Themen früherer Treffen waren; oder sie sollten, ehe sie heiklere Punkte ansprechen, etwas loben, was ihnen in der vergangenen Woche besonders positiv aufgefallen ist.

5 Getroffene Vereinbarungen müssen bis zur nächsten Familienkonferenz in Kraft bleiben. Anpassungen werden immer wieder mal nötig sein, doch sollte darüber nur auf einer Konferenz verhandelt werden. »Ich weiß, dass dir etwas daran liegt, lass uns morgen in der Familienkonferenz darüber sprechen«, »Es sieht so aus, als ob diese Regelung ein wenig angepasst werden müsste. Warum sprichst du es nicht am Freitag bei der Familienkonferenz an?«, solche Reaktionen helfen Konflikte vermeiden und Zänkereien reduzieren.

6 Versuchen Sie das Einverständnis aller Mitglieder einzuholen, wenn Sie eine Abmachung treffen oder ein Vorhaben beschließen wollen. Abstimmungen können zu Konkurrenz führen und sind im Allgemeinen nicht ratsam. Lässt sich kein Konsens herstellen, können Sie vorschlagen, das Thema beim nächsten Treffen erneut aufzugreifen und jetzt zu einem anderen Punkt überzugehen. Die Kinder müssen sich darüber im Klaren sein, dass die Eltern das letzte Wort haben, wenn beim nächsten Treffen immer noch Uneinigkeit herrscht.

Bei den ersten Treffen mögen Kinder ein wenig zurückhaltend sein, weil ihnen der Vorgang noch nicht vertraut ist.

Seien Sie unbesorgt. Ermuntern Sie zögerliche Kinder, unbefangen zu sprechen, wenn sie Mut gefasst haben. Fahren Sie dann mit einigen positiven Äußerungen, Ihren speziellen Beobachtungen und Anliegen fort. Nach wenigen Wochen werden sich die Kinder mit den Treffen angefreundet haben.

Die folgende typische Familienkonferenz habe ich jüngst mit der Familie Stelzner in meiner Sprechstunde durchgeführt. Die Familie Stelzner, bestehend aus den Eltern, der 12-jährigen Tina und dem 15-jährigen Martin, hatte die Familienkonferenz vor einigen Wochen eingeführt, vor allem um die Mitwirkung der Kinder im Haushalt zu regeln.

TINA: »Ich möchte über unsere Jobs im Haushalt reden. Ich finde es nicht fair, dass ich jeden Abend das Geschirr vorspülen und Martin es dann bloß in die Spülmaschine räumen muss.«

MARTIN: »Ja, aber …«

HERR STELZNER: »Martin, lass deine Schwester bitte ausreden. Wir werden dafür sorgen, dass du auch Gelegenheit bekommst, deine Meinung zu sagen.«

TINA: »Ich finde nun mal, dass das Vorspülen viel mehr Arbeit macht als das Einräumen. Und wenn ich endlich fertig bin, dann bleibt mir keine Zeit mehr für meine Hausaufgaben.«

MARTIN: »Tina hat Recht, bis wir fertig sind, ist es Zeit ins Bett zu gehen, und ihr sitzt immer nur da und redet, während wir arbeiten. Das ist unfair!«

FRAU STELZNER: »Immer der Reihe nach, okay? Tina, du findest also, dass Vorspülen mehr Arbeit macht als Einräumen, richtig?«

TINA: »Ja!«

FRAU STELZNER: »Martin, hast du etwas dagegen, wenn ihr euch täglich abwechselt?«

HERR STELZNER: »Es kann ein bisschen kompliziert werden, sich immer daran zu erinnern, wer gerade an der Reihe ist. Was haltet ihr von einem wöchentlichen Wechsel?«

TINA: »Damit bin ich einverstanden.«

MARTIN: »Ich auch. Aber wie sieht's mit den Hausaufgaben aus und damit, dass ihr uns nicht helft?«

FRAU STELZNER: »Ich komme als Erste nach Hause und koche das Abendessen. Dabei hilft mir niemand.«

HERR STELZNER: »Eure Mutter hat Recht, sie hat mit dem Essen genug zu tun. Aber es stimmt auch, dass ihr mehr Zeit für die Schulaufgaben braucht. Was haltet ihr davon, wenn ich euch unter der Woche ein wenig unter die Arme greife, damit ihr schneller fertig werdet?«

TINA UND MARTIN: »Klasse!«

In Konfliktsituationen erweist sich die Familienkonferenz immer wieder als erstaunlich nützlich. Kinder fühlen sich stärker an den familiären Entscheidungsprozessen beteiligt, weil ihren Ansichten Gehör geschenkt und Bedeutung beigemessen wird. Die Kinder verhalten sich weniger ablehnend und aufsässig, weil sie sich kontinuierlich mitteilen können. Aktuelle Konflikte lassen sich mit der Bemerkung entschärfen: »Das ist ein gutes Thema für die nächste Familienkonferenz.« Der langen Rede kurzer Sinn: Die Familienkonferenz ist eine Einrichtung, die für alle Beteiligten nur von Vorteil ist.

Teamgeist spornt an

Bei der Erziehung verstärkt auf Teamgeist zu setzen, dies hat für die Familie eine Vielzahl deutlich erkennbarer Vorzüge. Kinder, die sich als geschätztes Mitglied des »Familienteams« verstehen, sind eher bereit, tatkräftig zur Lösung von Problemen beizutragen.

Führen Sie sich vor Augen, wie Menschen am Arbeitsplatz reagieren. Angestellte, denen bei wichtigen Entscheidungen ein Mitspracherecht eingeräumt wird, arbeiten motivierter und effizienter. Ein übermächtiger und gefühlskalter Chef hingegen erzeugt das Gefühl von Ohnmacht und Ablehnung. Das ist bei einer Familie nicht viel anders.

Kinder, die sich als geschätztes Mitglied des »Familienteams« verstehen, sind eher bereit, tatkräftig zur Lösung von Problemen beizutragen.

Frau Foster kam mit ihrem 15-jährigen Sohn Andreas in meine Sprechstunde. Sie war allein erziehende Mutter. Ihr Ex-Gatte kam seinen Unterhaltspflichten überaus nachlässig nach, und deshalb war Geld immer knapp.

Andreas war in der Schule schon ein paar Mal schlecht aufgefallen. Als pflichtbewusste Mutter meinte Frau Foster ihn zurechtweisen zu müssen, neigte allerdings dazu, Andreas anzuschreien. Häufig kam es auch zu Streit über Geld, zum Beispiel weil Andreas sich teure Schuhe wünschte oder etwas anderes, das seine Mutter sich nicht leisten konnte. Und wenn er dann maulig wurde, weil er das Gewünschte nicht bekam, brach Frau Fosters Ärger über die ausbleibenden Unterhaltszahlungen aus, und sie ließ ihre Enttäuschung an Andreas aus. Dieses destruktive Muster ließ ihre Auseinandersetzungen eskalieren.

Was Andreas und seiner Mutter dringend fehlte, war ein anderes Verständnis von sich als Familie. Frau Foster war die absolute Autoritätsperson und Andreas das eigensinnige Kind, so hatten die beiden ihre Rollen verteilt. Andreas machte dies zunehmend frustriert, verärgert und verbittert, während seine Mutter ihm verübelte, dass er sie herausforderte und ihr ohnehin schwieriges Leben noch schwerer machte.

Als die zwei begannen, sich eher als Team zu begreifen, trat allmählich eine Veränderung ein. Sie sahen ein, dass sie voneinander abhängig waren. Das half ihnen, von ihren negativen Gefühlen abzulassen. Frau Foster setzte sich mit Andreas zusammen; sie erklärte ihm ihre finanzielle Situation und dass sie es sehr bedauerte, ihm nicht jeden Wunsch erfüllen zu können. Andreas wurde fortan an wichtigen familiären Entscheidungen beteiligt, und darüber war er heilfroh. Schon bald gingen die beiden sehr viel positiver und konstruktiver miteinander um.

Es ist nicht schwer, seine natürliche elterliche Macht einzusetzen, um seine Kinder zum Gehorsam zu zwingen. Aber ist blinder Autoritätsgehorsam unser höchstes erzieherisches Ziel? Wohl kaum. Man sät damit nur Ablehnung und entfacht destruktive Machtkämpfe.

Wesentlich besser, für Eltern, Kinder und das Familienleben, zahlt sich Teamgeist aus. Er fördert das Einfühlungsvermögen, die Kooperationsbereitschaft und das Talent, mit anderen Menschen umzugehen. Auch fühlen die Kinder sich wichtiger, kompetenter und anerkannter.

Die Tinners entdeckten die Vorzüge familiärer Teamarbeit, als Frau Tinner beschloss, nach Jahren der Hausfrauentätigkeit wieder die Schulbank zu drücken und ihre Steuerberaterausbildung zu beenden. Frau Tinner war sich darüber im Klaren, dass damit auf Mann und Kinder erhebliche Veränderungen zukommen würden.

Nachdem die Entscheidung gefällt war, setzte die Familie sich zusammen und diskutierte die zu erwartenden Veränderungen. Frau Tinner erklärte, dass der Ausbildungsabschluss sie sehr viel glücklicher und zufriedener machen würde. Sie verschwieg nicht, dass sie wesentlich seltener zu Hause sein würde. Daher müsste die Familie sich Gedanken über die Haushaltsführung machen. Die Kinder wiederum hatten Gelegenheit, offen ihre Meinungen, Gefühle und Befürchtungen zu äußern.

Dann wurden Einzelheiten besprochen, zum Beispiel das Überbrücken der Zeit zwischen Schulschluss und der Rückkehr der Eltern. Frau Tinner bat um Hilfe bei bestimmten

Aufgaben wie Wäschewaschen und Vorbereiten des Abendessens. Zum Schluss bedankte sie sich, dass die Kinder ihr ermöglichen wollten, wieder zu studieren, und bereit waren, sich mit der Veränderung zu arrangieren und einen Extrabeitrag zu leisten. Kurz, die Eltern bezogen die Kinder in den Entscheidungsprozess ein und vermittelten ihnen so das Gefühl, unverzichtbare Mitglieder des »Familienteams« zu sein.

Wie das Beispiel der Tinners demonstriert, fördern auch Vorgehensweisen, die weniger formal sind als die Institution Familienkonferenz, den Teamgeist. Gemeinschaftliche Adhoc-Diskussionen über wichtige Themen stärken ebenfalls das Zusammengehörigkeitsgefühl.

Teamgeist kontra Geschwisterrivalität

Geschwisterrivalität zählt zu den häufigsten Problemen, mit denen Eltern zu mir kommen. Gelegentlicher Streit unter Geschwistern ist normal. Auszuarten scheint er meist dann, wenn Geschwister unterschiedliche Bedürfnisse haben, auf die die Eltern unterschiedlich reagieren müssen, und wenn das Konkurrenzverhalten übermäßig ausgeprägt ist. Auch in diesem Fall vermag Teamgeist vorzubeugen und Abhilfe zu schaffen. Nehmen wir die Familie Nelson:

Die Nelsons haben zwei Kinder. Als sie mich aufsuchten, war Mark 14 Jahre alt und ein sehr guter Schüler. Terry hatte mit seinen neun Jahren Schwierigkeiten, was er las, auch zu begreifen. Frau Nelson war verständlicherweise beunruhigt. Mark, erzählte sie mir während der ersten Sitzung, fand es unfair, wie sie und ihr Mann auf seine und Terrys Schulzensuren reagierten. Er warf den Eltern vor, sich bei Terry zufrieden zu zeigen, wenn er die Versetzung schaffte. Bei ihm aber seien die Erwartungen grundsätzlich viel höher geschraubt.

Auf meinen Vorschlag hin unterhielten sich die Nelsons mit Mark über Terrys Lernschwierigkeiten. Sie achteten darauf, nicht den Eindruck zu vermitteln, dass mit Terry etwas nicht stimme; vielmehr sagten sie ganz wertfrei, dass Terry das Lernen, ohne etwas dafür zu können, schwerer fiele. Sie gaben Mark zu verstehen, dass sie seine Hilfe brauchten, damit Terry nicht an sich zu zweifeln beginne, sondern sich über die Noten freue, die er erreichen kann, wenn er sich anstrengt.

Nachdem die Eltern ihn so in die Situation eingeweiht und an der Lösung beteiligt hatten, empfand Mark sich als respektiertes Familienmitglied, dessen Beitrag gebraucht wurde. Er fühlte sich nicht länger ungerecht behandelt und half Terry sogar bei den Hausaufgaben.

Bei der Erziehung an den Teamgeist, die Einsicht und Kooperationsbereitschaft des Kindes zu appellieren, dies mag zwar gründlichere Überlegungen und ein wenig mehr Einsatz erfordern, aber das ungeheuer positive Ergebnis rechtfertigt den Aufwand allemal.

Gedächtnisstützen

Bilden Sie mit Ihren Kindern ein Team!

1 **Die Einstellung »Eltern gegen Kinder« schürt Ablehnung und Machtkämpfe.**

2 **Familienkonferenzen fördern die Kooperationsbereitschaft und sind ein wirkungsvolles Erziehungsmittel.**

3 **Die Regeln für Familienkonferenzen umfassen:**

- Die Treffen sollen zu regelmäßigen Terminen stattfinden.
- Man sollte auf offene Kommunikation achten.
- Kindern sollte zuerst das Wort erteilt werden.
- Über Abmachungsänderungen darf erst beim nächsten Treffen diskutiert werden.
- Die Familie soll sich um Konsens bemühen, aber das letzte Wort haben die Eltern.

Selbsttest zu Regel Nummer 6

1 Wer verfügt in den meisten Familien über die größte natürliche Macht?

- ❑ A: Die Kinder
- ❑ B Die Eltern
- ❑ C: Die Großeltern
- ❑ D: Die Haustiere

2 Ein kooperativer Erziehungsstil fördert:

- ❑ A: Wertgefühl und Vertrauen
- ❑ B: Schuld und Scham
- ❑ C: Schwindel und Darmträgheit
- ❑ D: Alle obigen Zustände

3 Eine Familienkonferenz sollte:

- ❑ A: Mindestens eine Stunde dauern.
- ❑ B: Nur am Wochenende stattfinden.
- ❑ C: Regelmäßig stattfinden.
- ❑ D: Nur bei einem Problem einberufen werden.

4 Wer sollte auf der Familienkonferenz zuerst sprechen dürfen?

- ❑ A: Der oder die Älteste
- ❑ B: Die Eltern
- ❑ C: Die Kinder
- ❑ D: Wer das dringendste Anliegen hat

5 Auf Familienkonferenzen sollten Sie den Ausdruck von Gefühlen:

- ❑ A: Ermuntern
- ❑ B: Unterdrücken

6 Auf einer Familienkonferenz getroffene Vereinbarungen sollen:

- ❑ A: Je nach Bedarf neu verhandelt werden.
- ❑ B: Bis zur nächsten Familienkonferenz in Kraft bleiben.
- ❑ C: Bei einer Radiosprechstunde diskutiert werden.

7 Die Familienkonferenz sollte jedem Mitglied Gelegenheit bieten, sich Gehör zu verschaffen. Endgültige Entscheidungen werden getroffen:

- ❑ A: Durch die Eltern
- ❑ B: Durch Abstimmung
- ❑ C: Durch einen Konsens aller Familienmitglieder
- ❑ D: Durch A oder C

Auflösung des Tests zu Regel Nummer 6:

1 Wer verfügt in den meisten Familien über die größte natürliche Macht?

Antwort B: Eltern sind nun einmal größer, stärker und erfahrener und besitzen das Geld.

2 Ein kooperativer Erziehungsstil fördert:

Antwort A: Kinder gewinnen so den Eindruck, dass ihre Ansichten und Gefühle tatsächlich gehört werden und sie in familiären Belangen über einen gewissen Einfluss verfügen.

3 Eine Familienkonferenz sollte:

Antwort C: Selbst wenn die Treffen kurz sind, wird es sich bezahlt machen, sie regelmäßig und damit geordnet und vorhersehbar abzuhalten.

4 Wer sollte auf der Familienkonferenz zuerst sprechen dürfen?

Antwort C: Kinder sollten zuerst reden dürfen, damit sie ihre Sorgen und Gefühle unbeeinflusst von vorangegangenen elterlichen Aussagen ausdrücken können.

5 Auf Familienkonferenzen sollten Sie den Ausdruck von Gefühlen:

Antwort A: Familienkonferenzen sind dafür da, dass Gefühle ohne Scheu ausgedrückt werden können.

6 Auf einer Familienkonferenz getroffene Vereinbarungen sollen:

Antwort B: Vereinbarungen können anpassungsbedürftig sein, aber sie sollen bis zur nächsten Familienkonferenz gültig bleiben, um »außerordentliche« Auseinandersetzungen zu vermeiden.

7 Die Familienkonferenz sollte jedem Mitglied Gelegenheit bieten, sich Gehör zu verschaffen. Endgültige Entscheidungen werden getroffen:

Antwort D: Die Familie sollte sich bemühen, durch Konsens zu Vereinbarungen zu gelangen. Ist dies nicht möglich, so haben die Eltern das letzte Wort.

Regel Nummer 7

Disziplinieren Sie konstruktiv

In jeder Familie kommt es zu Situationen, in denen Disziplin gefragt ist. Für Disziplin sorgen zählt zu den Fallgruben der Erziehung, in denen unvorbereitete Eltern sich schnell verfangen und unnötige Fehler machen. Solche Fehler können die Wirkung der Disziplinierungsmaßnahme unterlaufen und dem Selbstwertgefühl des Kindes schwere Schläge versetzen.

Disziplinieren Sie nie im Zorn

Einer der schlimmsten Fehler besteht darin, Kinder disziplinieren zu wollen, wenn man zornig ist. Ihn beging Jennys Mutter. Frisch geschieden, musste sie neuerdings ganztags arbeiten. Daher bat sie ihre Tochter, nach der Schule ein paar Arbeiten im Haushalt zu übernehmen. Jenny erklärte sich einverstanden. Aber oft hatte sie die Aufgaben nicht erledigt und hing am Telefon, wenn die Mutter nach Hause kam.

Müde und abgespannt, ging Jennys Mutter dann unweigerlich der Hut hoch, und es dauerte nicht lange, da schrien die zwei sich an und knallten die Türen. Als sie sich in meiner Sprechstunde einfanden, waren sie so wütend und verstockt, dass sie an entgegengesetzten Enden der Couch Platz nahmen.

Es lag am falsch gewählten Zeitpunkt, dass die beiden sich mit unschöner Regelmäßigkeit in die Haare gerieten: Weil der Mutter schwante, dass Jenny wieder auf ihre Haushaltspflichten pfeifen würde, kehrte sie tagtäglich voll unterdrückter Wut heim. Machte sie dann die Tür auf und sah die Bescherung, explodierte sie augenblicklich – wogegen Jenny sich mit dem Rücken zur Wand genauso heftig verteidigte.

Damit sich etwas ändern konnte, mussten die beiden dieses destruktives Muster aufbrechen. Ich riet der Mutter, sich darauf einzustellen, dass Jenny ihre Aufgaben nicht erledigt haben würde. Sobald sie diese Tatsache akzeptierte, könnte sie sich den täglichen hässlichen Streit ersparen. Ich empfahl ihr, über das Problem und ihre rechtmäßige Verärgerung zu sprechen, wenn weder sie noch Jenny erregt waren und einander nicht in die wehrlose Defensive treiben würden. Jennys Mutter stimmte mir zu und führte am nächsten Wochenende mit Jenny folgendes Gespräch:

MUTTER: »Jenny, wir müssen über deine häuslichen Pflichten reden. Ich will mich nicht jedes Mal, wenn ich nach Hause komme, darüber aufregen müssen, dass du nichts erledigt hast. Mir macht's keinen Spaß, wenn ich mich ärgere, und ich denke, dir auch nicht.«

JENNY: »Du regst dich ziemlich auf! Ich weiß, dass du den ganzen Tag arbeitest und Hilfe im Haushalt brauchst. Ich will dir gern helfen, aber ich bin auch lange in der Schule und brauche Zeit, um zu mir zu kommen. Wenn dann eine Freundin anruft, bleibe ich nun mal am Telefon hängen. Und ehe ich mich versehe, kommst du schon zur Tür herein und schreist mich an.«

MUTTER: »Okay, ich hab wohl übersehen, dass du auch erst mal abschalten musst. Lass mich mal überlegen …, Hm, wie wär's, wenn du etwas zu essen aus dem Gefrierfach nimmst und eine Waschmaschine anstellst? Dann hättest du ein bisschen mehr Zeit für dich, und wenn ich heimkomme, könnten wir gemeinsam das Essen und die Wäsche fertig machen. Was hältst du davon?«

JENNY: »Und was ist mit den anderen Aufgaben?«

MUTTER: »Warum lassen wir die nicht bis Samstagmorgen warten? Wir können sie nach dem Aufstehen schnell zu zweit erledigen. Einverstanden?«

JENNY: »Das ist ein prima Vorschlag, Mama.«

Wählen Sie den richtigen Zeitpunkt

Ob Disziplinierungsversuche konstruktiv oder destruktiv wirken, kann von mehreren Faktoren abhängen. Zu diesen zählt, wie am Fallbeispiel von Jenny und ihrer Mutter zu erkennen, das richtige Timing. Gutes Timing ist deswegen wichtig, weil gerade die Streitpunkte, die Durchgreifen erfordern, unsere Gemüter erhitzen. Sind die Beteiligten erregt, richten sie ihre »psychologischen Schutzschilde« auf und vertun mehr Zeit mit Verteidigungsmanövern und Gegenattacken als mit der Suche nach einer effektiven Problemlösung. Bespricht man das Problem hingegen dann, wenn sich die Gemüter abgekühlt haben, stehen die Chancen für einen positiven Ausgang sehr viel besser. Dass Jennys Mutter das Problemgespräch am Wochenende führte, als die strittige Arbeitsteilung kein akutes heißes Eisen war, versetzte die zwei in die Lage, besser aufeinander zu hören, und erleichterte ihnen erheblich die Suche nach einem konstruktiven Ausweg.

Sind die Beteiligten erregt, richten sie ihre »psychologischen Schutzschilde« auf und vertun mehr Zeit mit Verteidigungsmanövern und Gegenattacken als mit der Suche nach einer effektiven Problemlösung.

Über Ärgernisse so unverzüglich wie möglich zu sprechen, dies ist sicherlich eine gute Regel. Doch wie jede gute Regel hat auch sie ihre vernünftigen Ausnahmen. Es ist durchaus angebracht, einem Kind zu sagen: »Ich bin jetzt furchtbar aufgebracht. Ich muss mich erst beruhigen und nachdenken. Lass uns heute Abend darüber sprechen.«

Anna, Mutter des 14-jährigen Benni, klagte mir, dass ihr Sohn Widerworte gäbe, sobald sie ihn zu korrigieren oder zu disziplinieren versuchte. Nach ein paar Sitzungen sah ich einen roten Faden im Beziehungsknäuel: Anna versuchte, Benni in Gegenwart seiner Freunde zu korrigieren. Wie es bei Jugendlichen so ist, spielten Freunde auch in Bennis Leben eine zunehmend wichtige Rolle, und wie ein ganz normaler Teen lud er sie öfter als früher zu sich ein. Anna wiederum hatte es sich zur Gewohnheit gemacht, Benni unverzüglich zu rügen, wenn ihr etwas missfiel – worauf Benni, um vor seinen Freunden nicht Gesicht zu verlieren, mit seiner Mutter zu streiten oder sich über sie lustig zu machen begann.

Die Wogen glätteten sich dauerhaft, nachdem Anna verstanden hatte: Es kommt auf den Zeitpunkt an. Der rechte Zeitpunkt kam, wenn Bennis Freunde heimgegangen waren. Dann, wenn er allein war und ohne Angst vor Gesichtsverlust von Anna kritisiert wurde, legte Benni seine demonstrative Überheblichkeit ab und zeigte sich wesentlich kooperativer. Anna hatte begriffen, dass Timing eine Kunst ist.

Vermeiden Sie Beschimpfungen

Wer im Zustand der Verärgerung ein Kind zu disziplinieren versucht, riskiert nicht nur, dass die Kommunikation blockiert und der Konflikt erst recht angeheizt wird. Er läuft überdies Gefahr, Dinge zu sagen, die er später bereut. Und unter Umständen dauert es sehr lange, bis Verletzungen, die im Zorn ausgesprochene Bemerkungen Kindern beizufügen vermögen, verheilt sind.

Es ist natürlich, zu Worten zu greifen, wenn man wütend oder enttäuscht ist. Dass Eltern mit Worten aber auch schweren Schaden anrichten können, erfuhren die Duffeks auf einem schmerzlichen Umweg:

Der elfjährige Patrick zankte ständig mit seiner achtjährigen Schwester. Deshalb suchte Schwesterchen ständig Hilfe beim Vater. Weshalb Vater Duffek, der die Feierabendscharmützel bis über die Ohren satt hatte, ständig wutentbrannt ins Kinderzimmer stürmte und Patrick abkanzelte: »Was ist los mit dir? Fällt dir nichts Besseres ein, als deine Schwester zu ärgern? Ich hab dir schon tausendmal gesagt, dass du sie in Ruhe lassen sollst. Bist du zu blöd, um das zu begreifen?«

Die Nachwirkungen seiner Ausbrüche wurden Vater Duffek Jahre später bewusst, als Patrick in der Schule nachließ und sich mit den Worten rechtfertigte: »Du hast mir doch immer gesagt, ich sei blöd! Weshalb tust du jetzt überrascht?«

Vater Duffeks Beschimpfungen hatten konkret vermutlich wenig mit Patricks Leistungsabfall zu tun. Trotzdem bekundete Patrick mit seiner Antwort deutlich, dass der väterliche Vorwurf jahrelang auf ihm gelastet hatte. Wenn Kinder negative Urteile lange genug hören, dann beginnen sie, an diese zu glauben.

Mich erstaunt es nicht mehr zu sehen, dass erwachsene Menschen an Etiketten glauben, die ihnen von den Eltern in der Kindheit angeheftet worden sind. Zu dumm, zu dick, zu hässlich, zu faul, diese und andere elterliche Urteile haben sie so stark verinnerlicht, dass sie meist gar nicht mehr wissen, seit wann und weshalb.

Strafen müssen durchführbar sein

Wenn Eltern in Rage sind, neigen sie dazu, den Missetätern Strafen aufzubrummen, die bei weitem zu streng und nur schwer durchführbar sind. Ich kenne genügend Kinder, die innerlich über die Strafmaßnahmen ihrer Eltern lachen, weil sie genau wissen, dass sich diese nicht durchsetzen lassen. Zu diesen Kindern gehört Jessica:

Jessicas Mutter legte höchsten Wert auf gute Schulleistungen. Sie tolerierte keine Note unter Eins. Daher stritt sie sich oft mit ihrer Tochter, deren Zensuren in der Regel zwischen Eins und Zwei schwankten. Hatte Jessica zum Beispiel als Zwischennote eine Zwei bekommen, regte ihre Mutter sich auf und verordnete Stubenarrest bis zur nächsten Zwischennote. Und diese stand sechs Wochen später an.

Jessica nahm das nicht allzu ernst, weil sie wusste, dass ihre Mutter nach einer Weile schwach werden und die Strafe auch aus praktischen Gründen nicht durchhalten würde – bis zum nächsten Stubenarrest in sechs Wochen.

Ich finde es zwar nicht angebracht, Stubenarrest zu verhängen, weil das Kind »nur« eine Zwei nach Hause gebracht hat. Doch unabhängig von meiner Meinung: Wenn Jessicas Mutter tatsächlich davon überzeugt ist, dass ihre Tochter eine Strafe verdient, dann sollte sie zu einer kurzfristigeren und durchführbaren Maßnahme greifen, die nicht durch unvermeidliche Ausnahmen ihre Wirkung verliert. Jessicas Mutter reagierte unüberlegt, weil sie ihre Tocher stets im Zorn bestrafte. Eltern sollten ihren Ärger verrauchen lassen, um sich dann bei klarem Verstand Gedanken über eine wirksame Disziplinierungsmaßnahme zu machen.

Geben Sie dem Kind eine Wahl

Kommt man nicht umhin, ein Kind zu disziplinieren, ist es ferner wichtig und hilfreich, ihm eine Wahlmöglichkeit zu geben. Dies bestärkt das Verantwortungsbewusstsein des Kindes und gibt ihm weniger Anlass, aufsässig oder verstockt zu reagieren. Wenn Eltern das Kind vor die Wahl stellen, sich so oder so zu verhalten, und sich dann zurückziehen, wird das Kind häufig die beste Alternative wählen.

Kommt man nicht umhin, ein Kind zu disziplinieren, ist es ferner wichtig und hilfreich, ihm eine Wahlmöglichkeit zu geben. Dies bestärkt das Verantwortungsbewusstsein des Kindes und gibt ihm weniger Anlass, aufsässig oder verstockt zu reagieren.

Michael hat erfahren, dass er besser fährt, wenn er seinen Sohn David zum richtigen Zeitpunkt diszipliniert und ihn vor eine Wahl stellt. Wie üblich hatte David am Samstag bis Mitternacht Ausgang, und wie üblich hielt er sich nicht daran. Michael blieb auf und wartete auf David, hatte sich aber vorgenommen, diesmal anders vorzugehen. Bislang hatte er mit wachsendem Ärger auf den Nachtschwärmer gewartet und an der Tür empfangen. David wiederum, der Michaels Wutausbruch voraussah, wurde immer nervöser, je näher die Konfrontation rückte. Und kaum trat er über die Schwelle, lieferten Michael und er sich ein lautstarkes und hitziges Wortgefecht.

Diesmal jedoch schaute Michael, als David heimkehrte, lediglich wortlos auf seine Uhr und ging dann schlafen. Am folgenden Morgen, als die Gemüter sich abgekühlt hatten, sagte er David, dass er die Wahl hätte: Entweder käme er am nächsten Samstag pünktlich nach Hause, oder er dürfe am übernächsten Samstag gar nicht ausgehen. Die Entscheidung hänge einzig von Davids Verhalten ab.

Damit war das leidige Thema endgültig erledigt. Die nächtlichen Wochenendstreitereien gehörten der Vergangenheit an. David hatte das Gefühl, mitbestimmen zu können, und Michael konnte sich fortan auf seine Kooperationsbereitschaft verlassen.

Verbesserungen sind das Ziel aller Disziplin

Sein Kind disziplinieren zu müssen, das ist alles andere als schön. Wie soeben ausgeführt, ist es destruktiv, es im Zorn, zum falschen Zeitpunkt oder zu streng zu tun. Geht man aber überlegt und konstruktiv vor, dann vermag das Kind aus dieser Erfahrung eine nützliche Lehre zu ziehen. Vergessen Sie nicht: Oberstes Ziel der Erziehung ist nicht umgehender und unbedingter Gehorsam, sondern Kinder zu unabhängigen, verantwortungsbewussten und glücklichen Erwachsenen heranzuziehen. Da es also unser Ziel ist, dass unsere Kinder in ihrem Leben gut zurechtkommen, sollten unsere Disziplinierungsmaßnahmen bewirken, dass die Kinder aus ihrem Verhalten lernen.

Die 18-jährige Amanda lieh sich häufig das Auto ihrer Eltern aus. Diese überließen es ihr im Prinzip gern, ärgerten sich aber, dass Amanda immer wieder vergaß, den Tank aufzufüllen. Das bereitete ihnen erhebliche Unannehmlichkeiten, weil sie dann morgens einen Umweg fahren und tanken mussten, so dass sie zu spät zur Arbeit kamen.

Die Eltern besprachen das Problem. Sollte Amanda, beschlossen sie, das Auto erneut mit leerem Tank abliefern, würde sie es zwei Tage lang nicht benützen dürfen. Dann setzten sie Amanda davon in Kenntnis. Natürlich vergaß Amanda bei nächster Gelegenheit das Tanken. Die Eltern blieben standhaft und zogen die Autoschlüssel für zwei Tage aus dem Verkehr. Nach kurzer Zeit schon hatte Amanda sich gebessert, und sie achtete darauf, verbrauchten Sprit zu ersetzen.

Amandas Eltern erreichten zwei Dinge: Erstens gelang es ihnen, Amandas Verhalten zu verbessern, sodass sie nicht mehr verspätet zu ihrer Arbeit kamen. Zweitens hatte Amanda etwas sehr Wichtiges begriffen: Ein Auto fährt nur, wenn Benzin im Tank ist.

Behalten Sie, wenn Disziplinierungsmaßnahmen notwendig werden, stets im Auge, dass es darum geht, bestimmte Verhaltensweisen zu ändern, und nicht darum, zu beweisen, wer Recht oder Unrecht hat. Dieser konstruktive

Ansatz bewirkt positive Verhaltensänderungen, verhindert unnötige Konflikte und lehrt unsere Kinder die ein oder andere wichtige Lektion fürs Leben.

Behalten Sie, wenn Disziplinierungsmaßnahmen notwendig werden, stets im Auge, dass es darum geht, bestimmte Verhaltensweisen zu ändern, und nicht darum, zu beweisen, wer Recht oder Unrecht hat.

Gedächtnisstützen

Disziplinieren Sie konstruktiv!

1 Disziplinieren Sie nicht, wenn Sie erregt sind.

2 Wählen Sie den richtigen Zeitpunkt.

3 Arbeiten Sie mit angemessenen Konsequenzen.

4 Das Kind vor die Wahl zu stellen fördert sein Verantwortungsbewusstsein und seine Kooperationsbereitschaft.

5 Disziplin soll positive Veränderungen bewirken.

6 Erziehungsmaßnahmen dürfen nicht beweisen wollen, wer Recht oder Unrecht hat; das schürt lediglich Machtkämpfe und kindliche Schuldgefühle.

7 Ziel von Erziehungsmaßnahmen ist es, problematische Verhaltensweisen zu korrigieren.

Selbsttest zu Regel Nummer 7

1 Verzichten Sie auf Disziplinierungsversuche, wenn:

- ❑ A: Sie wütend sind.
- ❑ B: Ihr Kind damit nicht einverstanden sein könnte.
- ❑ C: Während der Lieblingsfernsehsendung Ihres Kindes.

2 Damit weder die strafenden Eltern noch das Kind »psychologische Schutzschilde« aufrichten, braucht es:

- ❑ A: Selbstvertrauen
- ❑ B: Timing
- ❑ C: Ehrlichkeit
- ❑ D: Vertrauen

3 Eltern stärken das Verantwortungsbewusstsein des Kindes und geben ihm weniger Anlass, trotzig zu reagieren, wenn sie es:

- ❑ A: Beraten
- ❑ B: Loben
- ❑ C: Vor eine Wahl stellen
- ❑ D: Beschenken

4 Konstruktive Disziplin hat zum Ziel:

- ❑ A: Klarzustellen, wer Recht hat.
- ❑ B: Problematisches Verhalten zu korrigieren.
- ❑ C: Klarzustellen, wer Unrecht hat.
- ❑ D: Sowohl A als auch C.

5 Richtig angewandt, werden Disziplinierungsmaßnahmen:

- ❑ A: Ihr Kind so einschüchtern, dass es sich ordentlich benimmt.
- ❑ B: Beweisen, dass Sie als Eltern alles besser wissen.
- ❑ C: Ihrem Kind eine nützliche Lehre erteilen.

Auflösung des Tests zu Regel Nummer 7:

1 Verzichten Sie auf Disziplinierungsversuche, wenn:

Antwort A: Wer im Zorn zu disziplinieren versucht, muss mit verletzten Gefühlen, falschen Entscheidungen und einer Verschlechterung statt Verbesserung rechnen.

2 Damit weder die strafenden Eltern noch das Kind »psychologische Schutzschilde« aufrichten, braucht es:

Antwort B: Richtiges Timing hilft sicherzustellen, dass man gehört und verstanden wird, statt bloß auf Abwehr zu stoßen.

3 Eltern stärken das Verantwortungsbewusstsein des Kindes und geben ihm weniger Anlass, trotzig zu reagieren, wenn sie es:

Antwort C: Dem Kind die Wahl zu überlassen fördert sein Selbstvertrauen und Gefühl von Eigenverantwortlichkeit.

4 Konstruktive Disziplin hat zum Ziel:

Antwort B: Ziel von Disziplinierungsmaßnahmen sollte es stets sein, problematische Verhaltensweisen zu korrigieren.

5 Richtig angewandt, werden Disziplinierungsmaßnahmen:

Antwort C: Kinder sollten aus den Folgen ihres Verhaltens lernen.

Regel Nummer 8

Gehen Sie mit gutem Beispiel voran

Ich habe bereits erzählt, wie meine Tochter Lindsey mit vier Jahren lernte, ihr Bett zu machen. Später gehörte das Bettenmachen zu den Aufgaben, die es zu erledigen galt, damit sie ihr Taschengeld bekam. Es war also alles in bester Ordnung, was das Bettenmachen betraf. Das dachte ich zumindest!

Lindsey war etwa sieben Jahre alt war, da bemerkte ich, dass es mit dem Bettenmachen nicht mehr so gut klappte. Als ich sie darauf ansprach, antwortete sie: »Aber Papa, du machst dein Bett nie.« Ich wollte protestieren, sah aber zum Glück rechtzeitig ein, dass sie völlig Recht hatte. In den vergangenen Monaten war ich morgens früher aus dem Haus gegangen und hatte regelmäßig versäumt, mein Bett zu machen. Die herrlichen Effekte meiner ach so klugen Erziehungstechniken waren dahin, nur weil ich kein gutes Vorbild abgegeben hatte.

Wie zu erwarten, zog Lindsey sehr schnell nach, als ich wieder regelmäßig mein Bett machte. Ich hatte mich über einen der elementarsten Erziehungsgrundsätze hinweggesetzt: Man soll Kindern gutes Benehmen vorleben.

Eltern wünschen sich, dass die Kinder ihnen Liebe und Achtung entgegenbringen. Wenn es ihnen – aus welchem Grund auch immer – gelingt, die Achtung ihrer Kinder zu gewinnen, dann ist es mehr als folgerichtig, dass die Kinder ihrem Beispiel folgen.

Da unser Verhalten solch tief greifende Auswirkungen auf unsere Kinder hat, ist es unsere Pflicht, ihnen wünschenswertes Verhalten vorzuleben. Wenn Sie dazu neigen, beim Autofahren zu fluchen, dann sollten Sie sich nicht wundern, Kraftausdrücke zu hören, wenn Ihr Kind ein Spielzeug zerbricht. Wenn Sie am Telefon eine »Notlüge« erfinden, um eine ungelegene Verabredung mit einem Freund abzusagen, dann sollte es Sie nicht überraschen, dass Ihr Kind wegen der zerbrochenen Vase schwindelt. Wenn Sie nicht wollen, dass Ihre Kinder rauchen und trinken, es aber selbst tun, was wird dann wohl der wahrscheinlichste Effekt sein?

Umgekehrt können wir sehr starken positiven Einfluss auf unsere Kinder ausüben, indem wir so handeln, dass wir uns nicht schämen müssen, wenn Kinder unserem Beispiel folgen. Grundsätze und Wertvorstellungen, die unsere individuelle Persönlichkeit prägen, vermitteln sich Kindern durch unser tägliches Tun und Lassen. Was wir tun, hat eine nachhaltigere Wirkung als das, was wir sagen. Kinder scheinen instinktiv zu wissen, dass Verhaltensweisen über einen Menschen mehr aussagen als seine Worte. Sie achten sehr genau auf Widersprüche zwischen verbalem Anspruch und gelebter Wirklichkeit. Wenn Sie darüber nachdenken, werden Sie feststellen, dass die eindringlicheren Fragen eines Kindes meist der Verwirrung darüber entspringen, dass das, was man ihm beizubringen versucht, nicht mit dem übereinstimmt, was es sieht.

Die Grundsätze und Wertvorstellungen, die unsere individuelle Persönlichkeit prägen, vermitteln sich Kindern deutlich durch unser tägliches Tun und Lassen. Was wir tun, hat eine weit nachhaltigere Wirkung als das, was wir sagen.

Ein Vater berichtete mir von einer Unterhaltung zwischen seiner Tochter Stefanie und ihrem jüngeren Cousin, deren Zeuge er zufällig wurde, als er in den Garten ging. Die Kinder waren damit beschäftigt, kleine Rollasseln zu fangen. Stefanie ermahnte ihren Cousin, vorsichtig mit den Tierchen umzugehen, um sie nachher unverletzt wieder freilassen zu können. Als der Vater später Stefanie scherzend fragte, wer ihr denn so viel Rücksichtnahme auf Insekten beigebracht habe, schaute sie ihn an, als wäre er nicht ganz bei Sinnen, und antwortete: »Papa, du natürlich! Du hast doch die Schmetterlinge, die wir gefangen haben, immer wieder freigelassen.« Er war verblüfft. Stefanie hatte Mitgefühl und Rücksicht auf andere als die eigenen Bedürfnisse entwickelt, weil sie bei ihm ein Verhalten beobachtet hatte, über das er selbst keinen Moment lang nachgedacht hatte. Und damit erinnerte sie ihn daran, dass Eltern ständig Lehrer sind, im Guten wie im Schlechten.

Die Tragweite dieser Erkenntnis kann gar nicht überschätzt werden. Als Autor dieses Buches liegt mir sehr daran, dass Sie verstehen: Es geht bei den vorgeschlagenen Erziehungsmethoden um mehr, als Kinder zu besserem Benehmen zu bekehren. Es geht dabei auch und vor allem darum, den Kindern wertvolle Erkenntnisse über den menschlichen Charakter und das Leben zu vermitteln. Wenn Sie Ihr Kind auf kooperative Weise erziehen, wird es sich ebenfalls anderen Menschen gegenüber kooperativ zeigen. Wenn Ihr Kind erfährt, dass Sie die Gefühle und Wünsche anderer Mensche respektieren, dann wird es sich mit hoher Wahrscheinlichkeit selbst so verhalten. Wenn Sie die Meinungen Ihres heranwachsenden Kindes ernst nehmen, dann wird es eher zuhören, wenn Sie ihm etwas zu sagen haben.

Die Kehrseite davon mussten die 15-jährige Denise und ihre Mutter erleben. Die Eltern hatten sich getrennt, als Denise noch sehr klein. Denise wuchs bei der Mutter auf, die als Sekretärin arbeitete. Die beiden suchten mich auf, weil die Mutter sich über Denises Großmäuligkeit und Widerspenstigkeit ärgerte.

Denise vernachlässige ihre Aufgaben, sei ständig mit einer Freundin unterwegs, die ihr nicht gefiel, und komme notorisch zu spät nach Hause, klagte die Mutter. Danach sprach ich unter vier Augen mit Denise, einer augenscheinlich sehr trotzigen jungen Dame. Zornig berichtete sie, dass ihre Mutter sich selten Zeit genommen hatte, ihr richtig zuzuhören. Ihre Mutter war unentwegt auf Achse gewesen, was Denise so interpretierte, dass der Mutter mehr am Ausgehen lag als daran, sich mit ihr zu beschäftigen. Daher sagte sie: »Warum soll ich auf Mutter hören? Ihre Freunde und Verabredungen waren ihr stets wichtiger als ich.«

Es stellte sich heraus, dass Denises Wahrnehmung im Wesentlichen korrekt war. Die Mutter hatte privat immer viel unternommen. War sie in ihrer Freizeit einmal nicht unterwegs, telefonierte sie stundenlang mit Freunden und Freundinnen. Durch ihr Verhalten hatte sie der Tochter unbewusst eine sehr eindeutige Botschaft vermittelt: dass Denises Bedürfnisse für sie keine große Rolle spielten. Nun, da Denise alt genug war, übermittelte sie durch Verhaltensweisen, die sie von ihrer Mutter übernommen hatte, dieselbe Botschaft: »Meine Freunde und Wünsche sind wichtiger als du!«

Über die Macht von Medien

Immer wieder fragen Eltern mich, wie ich die Macht der Medien auf Kinder einschätze. Angesichts der Häufung von Sex- und Gewaltszenen in Fernseh- und Kinofilmen sowie mancher Musiktexte, die Gewalt, Drogen- und Alkoholgenuss anscheinend verherrlichen, ist es nur zu verständlich, wenn Eltern mögliche negative Auswirkungen befürchten.

Unzählige Forschungen haben diese elterlichen Sorgen zum Gegenstand. Die Mehrzahl ist zu dem Ergebnis gelangt, dass die Medien sehr wohl das Verhalten von Kindern und Jugendlichen beeinflussen. Wenn die Kinder größer werden und sich auf die Suche nach ihrer eigenen Identität und ihrem eigenen Wertesystem begeben, setzen sie sich zur Orientierung zunehmend äußeren Einflüssen aus, darunter denen von Gleichaltrigen und den Medien. Diese Suche kann leider dazu führen, dass sie einige negative Werte und Verhaltensweisen übernehmen.

Aber es gibt auch gute Nachrichten: Jugendliche, die lediglich mit den normalen Problemen ihrer Altersgruppe zu kämpfen haben, belassen es in der Regel bei einem Liebäugeln mit anderen Ansichten und Verhaltensweisen und kehren zu den Werten ihrer Erziehung zurück. Wirken Eltern also aktiv durch Wort und Tat darauf hin, ihrem Kind solide Wertvorstellungen zu vermitteln, dann wird es diese für gewöhnlich im jungen Erwachsenenalter für sich annehmen.

Jugendliche, die lediglich mit den normalen Problemen ihrer Altersgruppe zu kämpfen haben, belassen es in der Regel bei einem Liebäugeln mit anderen Ansichten und Verhaltensweisen und kehren zu den Werten ihrer Erziehung zurück.

Meist bitten Eltern mich auch um praktische Tipps für den Umgang mit diesen Einflüssen. Typische Fragen lauten: Sollen wir die Fernseherlaubnis einschränken? Sollten wir bestimmte Arten von Musik verbieten?

Ich bin der festen Überzeugung, dass Kinder vor Informationen, die nicht altersgemäß sind, geschützt werden sollten. Ein Fünfjähriger sollte nicht mit der Gewalt und sexuellen Botschaft eines Films für Erwachsene konfrontiert werden. Die Auseinandersetzung mit altersgerechtem Material jedoch sollte man Kindern, insbesondere Jugendlichen, selbst dann erlauben, wenn der Inhalt fragwürdig erscheint – vorausgesetzt, dass die Eltern in der Lage und bereit sind, vernünftige Orientierungshilfe zu geben.

Wir sollten unsere Aufgabe als Eltern nicht darauf beschränken, negative Einflüsse von unseren Kindern fernzuhalten. Vielmehr sollten wir den Kindern helfen, ein brauchbares Wertesystem und die Fertigkeiten zu entwickeln, die es benötigt, um die Anforderungen des Lebens besser zu bewältigen. Wir müssen ihnen ein Instrumentarium mitgeben, das es ihnen erlaubt, selbstständig Situationen und Ideen richtig einzuschätzen und entsprechend zu handeln. Denn Eltern können nun einmal nicht ständig zur Stelle sein. Eltern, die ihre Kinder über die Maßen behüten, statt sie mit geeigneten Bewertungsmaßstäben auszurüsten, werden sich keinen Rat wissen, wenn die Kinder im Haus von Freunden deren zweifelhaften Einflüssen ausgesetzt werden. Ist es nicht sehr viel besser, Kindern solche Erfahrungen zu gestatten, damit es über diese mit Ihnen sprechen kann?

Der Schlüssel liegt – wie an früherer Stelle erwähnt – darin, zum Kind eine Beziehung aufzubauen, die eine offene Kommunikation auch über kritische Themen erlaubt. Dies gibt Ihnen die Möglichkeit, Ihr Kind im Umgang mit diesen Einflüssen zu leiten und ihm Werte und Vorstellungen zu vermitteln, die ihm im späteren Leben von Nutzen sein werden.

Lassen Sie mich dies anhand eines Beispiels illustrieren: Unablässige Auseinandersetzungen und Machtkämpfe mit dem 15 Jahre alten Sohn Berndt trieben ein Elternpaar in meine Sprechstunde. Die tief besorgten Eltern fürchteten, sein zweifelhafter Umgang und die Musik, die er hörte, könnten Berndt zu Drogenmissbrauch, Sex oder kriminellen Taten verleiten.

Verständlicherweise sträubte Berndt sich gegen die Versuche seiner Eltern, ihn zu kontrollieren. Er beschwerte sich über ihren Mangel an Vertrauen und pochte darauf, seine Freunde und Musik selbst aussuchen zu dürfen. Der Konflikt wuchs sich zu einer schweren Krise aus, als die Eltern versuchten, einige von Berndts CDs wegen ihrer eindeutig sexuellen Texte aus dem Verkehr zu ziehen.

Ein solches Vorgehen fordert Konflikte, Ablehnung und Machtkämpfe jedoch erst recht heraus. Und indem Berndts Eltern sich auf Berndts CD-Bestand kapriziert hatten, hatten sie unwillentlich für ein Thema gesorgt, über das sich nun erbittert streiten ließ. Dem Machtkampf um Rechte fiel der Austausch über die wichtigeren Themen, Sexualität und Wertvorstellungen, zum Opfer.

Auf meinen Vorschlag hin ließen die Eltern sich (widerwillig) darauf ein, Berndt bei der Musikwahl völlig freie Hand zu lassen. Sie erklärten sich auch zu einem Gespräch über Sex, Drogen und Werte mit ihrem Sohn bereit. Dieses sollte sich um Werte, Freiheit und Toleranz im Allgemeinen und keinesfalls um Berndts Freunde oder Musikgeschmack drehen.

Nach einigen Wochen hörte Berndt auf, besagte Musik zu hören. Denn sie hatte ihre schockierende Wirkung verloren – und ihm, wie er sogar zugab, nie wirklich gefallen. Aber er war der Ansicht gewesen, das Recht zu haben, sie zu hören. Und um dieses Recht zu verteidigen, hatte er Auseinandersetzungen mit den Eltern in Kauf genommen. Einige Wochen später suchten Berndts Eltern mich erneut auf, diesmal höchst erstaunt über ein Gespräch, das Berndt initiiert hatte: Ein Bekannter hatte ihm in der Schule Drogen angeboten und Berndt hatte seine Eltern gefragt, wie er am besten reagieren sollte!

Mit dieser neuen Taktik hatten die Eltern Berndt eine Reihe wichtiger Verhaltensvorbilder liefern können. Sie hatten ihm bekundet, dass sie bereit waren, ihn eigene Erfahrungen machen zu lassen, und dass sie ihm zutrauten, die richtigen Entscheidungen zu treffen. Zugleich hatten sie demonstriert, dass sie sich um sein Wohl sorgten und anfallende Probleme gern mit ihm diskutierten.

Kinder schauen zu Sportlern, Musikern, Lehrern und sogar zu Gleichaltrigen auf. Kino und Fernsehen vermitteln ihnen eine Vielzahl von Werten, Anschauungen und Meinungen. Aber zweifelsohne hat das Vorbild der Eltern den stärksten Einfluss auf die Entwicklung der Persönlichkeit und die Wertvorstellungen eines Kindes.

Taten sagen mehr als Worte

Eltern vermitteln ihren Kindern täglich Moral- und Wertvorstellungen. Sie mögen noch so viele Worte machen: eine wesentlich nachhaltigere Wirkung hat, was Sie tun. Wenn Sie Ihrem Kind verbieten, Alkohol zu trinken, und selbst am Freitagabend über den Durst trinken, dann senden Sie Ihrem Kind eine sehr eindeutige Botschaft. Wenn Sie ständig das Tempolimit übertreten, falsch parken oder Steuern hinterziehen, erteilen Sie Ihrem Kind in Sachen Moral und Wertvorstellungen eine Lektion, die ungleich schwerer wiegt als all Ihre Predigten.

Gedächtnisstützen

Gehen Sie mit gutem Beispiel voran!

1 **Erziehen Sie Ihr Kind zu gutem Verhalten, indem Sie mit gutem Beispiel vorangehen.**

2 **Was Eltern tun, beeindruckt Kinder tiefer als Worte.**

3 **Elterliches Verhalten kann ein positives wie negatives Vorbild abgeben.**

4 **Kinder und Jugendliche sind nicht frei von der Beeinflussung durch Medien und Gleichaltrige, übernehmen für gewöhnlich aber die Werte und Verhaltensweisen ihrer Eltern.**

Auch unser Umgang mit anderen Menschen spricht für Kinder eine deutliche Sprache: Viktor, Vater des 16-jährigen Robert, war beruflich stark beansprucht. Zu Hause war er meist ausgelaugt, angespannt und reizbar. Lief etwas nicht ganz reibungslos, herrschte er schnell seine Frau an. Und dann kam er zu mir, weil er vollkommen überrascht war, dass Robert ihm Widerworte gab …

Wenn wir Menschen freundlich und großzügig behandeln, zeigen wir unserem Kind, dass unsere sozialen Beziehungen uns viel bedeuten. Nach demselben Strickmuster erteilen wir ihm eine wesentlich bedenklichere Lektion, wenn wir kleinlich und egoistisch auftreten. Wenn wir Notlügen erfinden, um eine Einladung abzusagen, oder das Kind auffordern, uns am Telefon zu verleugnen, weil wir mit niemandem sprechen wollen, dann stellen wir ihm einen Freibrief aus, von dem es Gebrauch machen wird, wenn es sich zwischen Ehrlichkeit und Lügen entscheiden muss.

So unlieb es uns sein mag: Als Eltern müssen wir uns ständig der Botschaften bewusst sein, die wir durch unser Tun und Lassen aussenden. Die Werte, die wir unserem Kind heute vorleben, sind diejenigen, die morgen sein Handeln bestimmen werden. Was also ist zu tun, wenn Ihnen im Supermarkt der Kassierer zu viel Geld herausgibt?

**So unlieb es uns sein mag:
Als Eltern müssen wir uns ständig der
Botschaften bewusst sein, die wir durch
unser Tun und Lassen aussenden.**

Selbsttest zu Regel Nummer 8

1 Kindern positive Verhaltensbeispiele vorleben heißt:

- ❑ A: Vorträge halten
- ❑ B: Ratschläge erteilen
- ❑ C: Vorbild sein
- ❑ D: A, B und C

2 Was hat die nachhaltigste Wirkung auf das Verhalten eines Kindes?

- ❑ A: Was Eltern sagen
- ❑ B: Was Eltern tun
- ❑ C: Die Medien
- ❑ D: Was die Bravo meint

3 Vermögen die Medien das Verhalten eines Kindes zu beeinflussen?

- ❑ A: Ja
- ❑ B: Nein
- ❑ C: Nur die Sesamstraße

4 Was prägt ein Kind langfristig am stärksten?

- ❑ A: Verhalten und Werte der Eltern
- ❑ B: Verhalten und Werte von Gleichaltrigen
- ❑ C: Verhalten und Werte, die von den Medien vermittelt werden

Auflösung des Tests zu Regel Nummer 8:

1 Kindern positive Verhaltensbeispiele vorleben heißt:

Antwort C: Wer sich bemüht, ein Vorbild abzugeben, signalisiert seinem Kind: »Folge meinem Beispiel.«

2 Was hat die nachhaltigste Wirkung auf das Verhalten eines Kindes?

Antwort B: Alle vier Quellen beeinflussen ein Kind, aber das Handeln der Eltern bei weitem am nachhaltigsten.

3 Vermögen die Medien das Verhalten eines Kindes zu beeinflussen?

Antwort A: Die Medien, allen voran Fernsehen und Musik, beeinflussen nachweislich das Verhalten von Kindern.

4 Was prägt ein Kind langfristig am stärksten?

Antwort A: Im Erwachsenenalter halten sich die meisten Menschen an die Werte, die ihnen von den Eltern übermitteln worden sind.

Regel Nummer 9

Achten Sie auf spezielle Bedürfnisse des Kindes

Kinder durchleben eine Vielzahl von Gefühlen und zeigen manchmal seltsames Benehmen. Zum Glück sind die meisten dieser Emotionen und Verhaltensweisen vollkommen normal und mit der üblichen bestärkenden Beständigkeit in Griff zu bekommen. Da Kinder für gewöhnlich aber nicht mitsamt Gebrauchsanweisung geliefert werden, ist es für Eltern oft schwer auszumachen, ob eine Verhaltensweise tatsächlich aus dem Rahmen fällt und besonderer Betreuung oder fremder Hilfe bedarf.

Alle Kinder sind auf wunderbare Weise einzigartig. Jedes Kind zeigt eine andere Konstellation von Stärken, Schwächen, Interessen, Fähigkeiten und Verletzbarkeiten. Verschiedene Lebenserfahrungen und natürliche Veranlagungen bewirken graduelle Unterschiede hinsichtlich der Aktivität, Aufgeschlossenheit, Selbstsicherheit, Toleranzschwelle und zahlreicher anderer Persönlichkeitsfaktoren.

Je älter das Kind wird, desto deutlicher werden den Eltern seine einzigartigen Charakterzüge bewusst. Manche davon sind sehr positiv und förderungswürdig, andere können möglicherweise Probleme machen und sollten zum Besseren gewendet werden. Die Kunst besteht darin, zu erkennen, welche Charakterzüge gefördert und welche in andere Bahnen gelenkt werden sollten.

Will sich ein Kind ständig bewegen, liegt es nahe, es zu sportlichen Aktivitäten zu ermuntern. Zeigt es Interesse an Musik, sollte man diese Neigung mit allen Mitteln fördern. Ist es hingegen eher zurückhaltend und zieht ruhige, gedankliche Beschäftigung vor, sollte man es nicht zu Dingen wie Sport oder öffentlichen Auftritten zwingen, die ihm starkes Unbehagen bereiten.

Selbst bei insgesamt gesunder Entwicklung legen die meisten Kinder eine oder mehrere Verhaltensweisen an den Tag, die später problematisch werden könnten. Da Eltern die Persönlichkeit ihres Kinder am besten kennen, sollten sie darauf ein wachsames Auge halten und gegebenenfalls an diesen Verhaltensweisen arbeiten.

Meine Tochter Lindsey zum Beispiel zeigte manchmal ein starkes Bedürfnis, anderen Leuten zu gefallen. Gewiss ist das Bemühen darum wünschenswert, solange es sich in normalen Grenzen hält. Gleichwohl wollte ich Lindsey vermitteln, dass man es nicht im Übermaß von fremden Meinungen abhängig machen soll, ob man sich selbst gefällt oder nicht. Daher versicherte ich ihr, als sie mit einer Zwei in Mathe höchst unzufrieden war, dass ihr Einsatz mich viel mehr als die Note beeindruckte.

Manchmal entwickeln Kinder Verhaltensweisen, die auf ernstere Ursachen schließen lassen. Oft fällt es Eltern schwer zu unterscheiden, ob es sich um eine geringfügige Schwierigkeit, eine vorübergehende Phase oder um ein Problem handelt, das besonderer oder gar fachmännischer Behandlung bedarf. Hier mögen einige allgemeine Leitlinien hilfreich sein.

Oft fällt es Eltern schwer zu unterscheiden, ob es sich um eine geringfügige Schwierigkeit, eine vorübergehende Phase oder um ein Problem handelt, das besonderer oder gar fachmännischer Behandlung bedarf.

Eltern haben Anlass zur Sorge, wenn ein Problemverhalten übermäßig lange anhält, von ungewöhnlicher Schwere ist und/oder das tägliche Funktionieren des Kindes maßgeblich beeinträchtigt. In meinem beruflichen Alltag erlebe ich häufig Kinder, die spezielle Betreuung brauchen. Vielen dieser Kinder hätte besser geholfen werden können, hätte man das Problem schon in einer früheren Phase ihrer Entwicklung behandelt. Wenn sie in meine Praxis kommen, weisen sie oft bereits beträchtliche Defizite hinsichtlich ihrer Selbstachtung und ihres Selbstbewusstseins auf.

Ich will keinesfalls die Eltern beschuldigen, das Problem nicht erkannt und zu spät Rat gesucht zu haben. In den allermeisten Fällen haben sie nach bestem Wissen gehandelt und nicht ahnen können, dass zusätzliches Eingreifen erforderlich war. Die Informationen, die sie rechtzeitig aufmerksam gemacht und nach entsprechender Hilfe hätten suchen lassen, standen ihnen schlicht nicht zur Verfügung.

Es ist nicht möglich, auf wenigen Seiten sämtliche Entwicklungsstörungen, die ein Kind ereilen können, aufzuführen und umfassend abzuhandeln. Doch ich möchte zumindest einige der gängigsten Problembereiche anreißen, damit Eltern die betreffenden typischen Verhaltensstörungen erkennen und fachkundigen Beistand heranziehen können. Nachstehend will ich Ihnen daher Probleme beschreiben, die mir bei meiner Arbeit mit Kindern und Jugendlichen besonders häufig begegnen.

Aufmerksamkeitsdefizit/ Hyperaktivitäts-Störung (ADHS)

Als Kleinkind begann Tommy, durch Schreianfälle und Wutausbrüche auf sich aufmerksam zu machen. Anders als die meisten Kinder entwuchs er der Kleinkindtrotzphase aber nicht. Als er in die Schule kam, fiel es ihm schwer, auf seinem Stuhl sitzen zu bleiben. Antworten auf Fragen des Lehrers posaunte er ins Klassenzimmer, wie sie ihm einfielen. Sein Verhältnis zu Lehrern war stets schwierig, und er verstrickte sich häufig in Konflikte mit Gleichaltrigen.

Diana zeigte in den ersten Schuljahren weder zu Hause noch in der Schule Verhaltenssauffälligkeiten. Ihre Lehrer mochten sie, und ihre Noten waren gut. Als sie jedoch in die dritte Klasse kam, begann der Lehrer zu bemängeln, dass Diana sich in Tagträumen verlor und im Unterricht nicht aufpasste. In der vierten Klasse hatte Diana sich in der Schule drastisch verschlechtert. Die Eltern hatten immer mehr Mühe, Diana zur Erledigung der Schulaufgaben zu bewegen.

Sowohl Diana als auch Tommy leiden an ADHS – Aufmerksamkeitsdefizit/Hyperaktivitäts-Störung. In den USA zählt dieses Leiden zu den verbreitetsten Verhaltensstörungen von Kindern und Jugendlichen. Jungen sind von ihm dreimal häufiger betroffen als Mädchen.

Es gibt zwei Kategorien von ADHS-Symptomen: Konzentrationsschwäche und Hyperaktivität/Impulsivität. Tommys Fall war in erster Linie von übertriebener Aktivität und Impulsivität gekennzeichnet. Weil sein Verhalten Unruhe stiftete, fiel die Diagnose weniger schwer. Diana hingegen machten vornehmlich Konzentrationsschwierigkeiten und Unaufmerksamkeit zu schaffen, also vergleichsweise unauffällige und deswegen schwerer erkennbare Symptome. Die Anzeichen von Konzentrationsschwäche, Hyperaktivität und/oder Impulsivität können unterschiedlich stark ausgeprägt sein.

In der Regel fällt es ADHS-Betroffenen schwer, audiovisuelle Reize zu filtern. Deshalb haben diese Kinder Schwierigkeiten, sich zu konzentrieren, besonders im Klassenzimmer. Führen Sie sich einmal ein Klassenzimmer vor Augen. Es ist voll von Ablenkungen: zwanzig oder mehr Kinder, Anweisungen des Lehrers, Glocken, Lautsprecherdurchsagen, klappernde Spindtüren und Geräusche vom Gang.

Kinder, die an Konzentrationsschwäche leiden, sind oft unordentlich und werden im Unterricht mit den Aufgaben nicht fertig. Wenn ihnen zu Hause mehr als eine Aufgabe übertragen wird, dann sind sie oft abgelenkt, noch ehe sie den ersten Auftrag erledigt haben. Sie sind häufig unberechenbar und ziehen Unfälle geradezu an. Ihre Schularbeiten machen sie schlampig und ungenau.

Viele dieser Kinder kommen mit Gleichaltrigen besser zu zweit zurecht als in einer Gruppe. Es fällt ihnen schwer zu warten, bis sie an die Reihe kommen, und sie neigen dazu, alles bestimmen zu wollen. Gruppenspielsituationen können zu Wutausbrüchen, Zankereien und Kränkungen führen.

ADHS kann Kindern außerordentlich schwer zu schaffen machen. Meist sind diese Kinder intelligenter als der Durchschnitt und umso frustrierter, wenn sie im Unterricht oder zu Hause keine Erfolgserlebnisse haben. Stellen Sie sich vor, Sie bekämen schlechtere Zeugnisse als Ihre Mitschüler, obwohl Sie den Stoff genau verstanden haben. Stellen Sie sich weiterhin vor, Ihr Lehrer würde Ihnen ständig sagen: »Du gibst dir keine Mühe«, »Du bist faul« oder: »Wenn du bloß einmal aufpassen und deine Aufgaben abliefern würdest!« Zurück zu Hause, werden Sie bestraft, weil Sie sich schon wieder Ärger in der Schule eingebrockt haben. Unter solchen Umständen würde es nicht lange dauern, bis Sie restlos resignieren.

ADHS kann Kindern außerordentlich schwer zu schaffen machen. Meist sind diese Kinder intelligenter als der Durchschnitt und umso frustrierter, wenn sie im Unterricht oder zu Hause keine Erfolgserlebnisse haben.

Viele Eltern werden fragen: »Zeigen nicht alle Kinder gelegentlich diese Symptome?« Ja, das tun sie. Aber bei ADHS-Betroffenen sind diese Symptome die Regel und nicht die Ausnahme.

Zeigen Kinder die oben beschriebenen Symptome, dann sollte man sie unbedingt so schnell wie möglich auf ADHS hin untersuchen lassen. Wird ihnen nicht beizeiten geholfen, riskiert man, dass sie zutiefst frustriert und interesselos werden. Solche Kinder laufen sehr viel eher Gefahr, dass sie aus dem Schulsystem fallen, Drogen nehmen und mit dem Gesetz in Konflikt geraten, weil sie keine positive Zuwendung von Eltern, Lehrern und Gleichaltrigen erfahren, die sie bräuchten, um ihr Selbstbewusstsein zu festigen.

ADHS gilt als erbliche Erkrankung des Nervensystems. Schon oft haben Eltern, wenn ich ihnen das Problem ihres Kindes beschrieben habe, zustimmend genickt und gesagt: »Das klingt ganz nach mir.«

Wenn Sie den Verdacht haben, dass Ihr Kind an ADHS leidet, dann sollten Sie es von mehreren Spezialisten untersuchen lassen. Leider ist es nicht möglich, anhand eines einzigen Tests wie einer Urin- oder Blutuntersuchung ADHS zu diagnostizieren. Der erste Weg führt oft zum Psychologen, der eine detaillierte Krankheitsgeschichte erstellt, das Verhalten des Kindes beobachtet und spezielle diagnostische Tests durchführt. Da es wichtig ist, das Verhalten des Kindes unter verschiedenen Gegebenheiten zu untersuchen, müssen Beobachtungen von Eltern, Lehrern und diversen Spezialisten herangezogen werden.

Lautet die Diagnose auf ADHS, wird das Kind zu einem Kinderarzt, Kinderpsychiater oder Kinderneurologen überwiesen, um festzustellen, ob eine medikamentöse Behandlung Erfolg verspricht. Am häufigsten werden Stimulatoren des zentralen Nervensystems wie Ritalin verschrieben, die enorm die Konzentrationsfähigkeit zu steigern vermögen. Außerdem können Therapeuten den Eltern hilfreiche Tipps für den Umgang mit dem Kind und für die Zusammenarbeit mit Lehrern, Schulpsychologen und Schulleitung geben.

An ADHS leidende Kinder sind auf beständige Motivation, klare Strukturen und positive Feedbacks angewiesen. Sie müssen belohnt werden dafür, dass sie bei der Sache bleiben und sich angemessen verhalten. Gerade bei ihnen empfehlen sich viele der Strategien, die ich Ihnen in den vorangehenden Kapiteln vorgestellt habe, so das Achten auf positives Verhalten des Kindes, auf Beständigkeit, Strukturen und vorbildhaftes Verhalten.

Lehrer können Schüler, die an ADHS leiden, unterstützen, indem sie:

- die Unterrichtsregeln deutlich sichtbar machen,
- den Stundenplan und die Hausaufgaben an die Tafel schreiben,
- Änderungen des üblichen Ablaufs rechtzeitig ankündigen,
- neben das Kind einen Mitschüler platzieren, der als Vorbild dienen kann,
- schwierige Aufgaben und Fächer auf die Morgenstunden legen,
- Pausen als Anreiz, bei der Sache zu bleiben, in Aussicht stellen,
- zwischen interessanten und langweiligeren Aufgaben wechseln,
- multisensorische und multimediale Unterrichtsmittel verwenden.

Ein erfolgreicher Umgang mit ADHS-Betroffenen erfordert eine genaue Diagnose sowie das Eingreifen und Zusammenwirken von Eltern, Lehrern und entsprechenden Experten.

Lernbehinderungen

Die 14-jährige Doris verhält sich irgendwie anders als Gleichaltrige. Sie ist sehr schüchtern und still und spielt selten mit anderen Kindern. Neues probiert sie nur widerwillig aus, und in die Schule ist sie noch nie gern gegangen. Sie hasst Lesen und Mathe, weil die Buchstaben und Zahlen immer »durcheinander geraten«.

Jens hat ebenfalls Schwierigkeiten in der Schule. Er mag es gar nicht, wenn er vor der Klasse reden oder eine Buchbesprechung schreiben soll. Anders als Doris hat er in Mathe und beim Lesen keine Verständnisschwierigkeiten. Aber er schafft es nicht, was er weiß, in Worten auszudrücken. Wenn er einen Aufsatz schreiben oder vor der Klasse den Inhalt eines Films wiedergeben soll, dann weiß er zwar, was er sagen will, aber er kann es nicht verständlich formulieren.

Der inzwischen 35-jährige Dennis hatte von klein auf Mühe zu verstehen, was Leute sagten. Die Worte, die sie zu ihm sprachen, klangen für ihn alle gleich. Seine Eltern waren es bald leid und warfen ihm oft lauthals vor, dass er nicht zuhöre und faul sei. In der Schule konnte Dennis Aufgabenstellungen nur schwer verstehen. Er versagte in fast allen Fächern, und mit 16 stieg er ganz aus der Schule aus.

Doris, Jens und Dennis leiden an einer Lernbehinderung. Als Lernbehinderungen bezeichnet man Störungen, die die Fähigkeit eines Menschen beeinträchtigen, Informationen der Umwelt richtig zu interpretieren und/oder Informationen verschiedener »Abteilungen« des Gehirns logisch zu korrelieren. Lernbehinderungen haben nichts mit Intelligenz zu tun. Ein Kind kann sehr intelligent sein und trotzdem an einer Lernbehinderung leiden.

Als Lernbehinderungen bezeichnet man Störungen, die die Fähigkeit eines Menschen beeinträchtigen, Informationen der Umwelt richtig zu interpretieren und/oder Informationen verschiedener »Abteilungen« des Gehirns logisch zu korrelieren.

Lassen Sie uns ein Computersystem heranziehen, um zu verstehen, was eine Lernbehinderung ist. Es besteht aus Rechner, Tastatur und Drucker. Der Computer kann als das Gehirn betrachtet werden. Dieses funktioniert normalerweise reibungslos. Ein Mensch mit einer Lernbehinderung aber kann Schwierigkeiten haben, die Informationen der Tastatur, der »Umwelt«, richtig weiterzuverarbeiten oder die Information vom Rechner zum »Drucker« zu transportieren, jenem Teil des Gehirns, der für mündlichen oder schriftlichen Ausdruck zuständig ist.

Lernbehinderungen sind unheilbar. In vielen Fällen beeinträchtigen sie nachhaltig und auf vielerlei Weise das Leben eines Kindes, seine schulischen Leistungen, seine täglichen Routinen, sein Sozialverhalten und das Familienleben. Andere Kinder haben sehr spezielle Lernbehinderungen, die sich im Alltag nur geringfügig auswirken.

Kinder mit Lernbehinderungen teilen viele der Verhaltensstörungen von Kindern, die an ADHS leiden. Tatsächlich weisen letztere oft eine oder mehrere Lernbehinderungen auf. Eine Lernbehinderung kann das Kind extrem belasten, weil es in der Schule nicht zurechtkommt und deshalb keine Anerkennung seitens der Lehrer und Eltern erfährt. Sie vermag der Selbstachtung des Kindes schwer zu schaden.

Haben Kinder auf einem der hier angerissenen Gebiete grundsätzlich Schwierigkeiten, sollten Psychologen oder Schulexperten durch eine sorgfältige Untersuchung die speziellen Problembereiche so genau wie möglich identifizieren. Eine solche Untersuchung beinhaltet in der Regel eine breit gefächerte Auswertung der intellektuellen Fähigkeiten (IQ-Test) und verschiedene Leistungstests in ausgewählten Fächern. Erbringt ein Kind auf einem bestimmten Gebiet schlechtere Leistungen, als sein IQ erwarten lässt, mag eine Lernbehinderung vorliegen und entsprechendes Eingreifen erforderlich sein. Lernbehinderungen lassen sich im Allgemeinen nicht medikamentös behandeln und auch nicht »beheben«. Vielmehr muss man die Hilfe der Schule heranziehen und Methoden ausfindig machen, die dem Kind das beste Lernen ermöglichen.

Ich arbeitete früher mit Diana zusammen, einer sehr intelligenten, energievollen Frau. Als ich Diana kennen lernte, war sie beruflich wie privat sehr erfolgreich. Doch bald erzählte sie mir, dass dies nicht immer der Fall gewesen war:

Diana wuchs in dem Glauben auf, sie sei dumm. Sie hatte es in der Schule nie leicht, und als sie das Abitur abgelegt hatte, war sie felsenfest überzeugt, damit am Ende ihrer akademischen Karriere angelangt zu sein. Zum Glück bewarb sie sich trotzdem an einer Akademie ihrer Heimatstadt. Diana war hochintelligent, ergab der Eignungstest, litt aber an einer bestimmten Lernbehinderung: Sie hatte größte Schwierigkeiten, sich zu merken, was sie gelesen hatte. Kein Wunder, dass die Schule ihr solche Probleme bereitet hatte!

Durch Ausprobieren suchte Diana nach Mitteln und Wegen, ihre Lernbehinderung auszugleichen. Sie fand heraus, dass sie die Informationen »retten« konnte, wenn sie Aufgabentexte auf Band sprach. Freudig stellte sie fest, dass sie sehr wohl eine akademische Laufbahn einschlagen konnte – weil sie ihre persönliche Methode entdeckte hatte, Informationen zu speichern. Diana legte ihre Magisterprüfung ab und schaute nie mehr im Zorn zurück.

Schulen müssen im Rahmen des Möglichen auf spezielle Bedürfnisse von Kindern eingehen. Manchmal reichen bereits kleine Abweichungen von der Norm, wie zum Beispiel einem Schüler bei einem Test mehr Zeit zu lassen oder ihm zu gestatten, seine Hausaufgaben am Computer zu erledigen.

Wenn Kinder mit Lernbehinderungen hinsichtlich ihrer schulischen Ausbildung auch spezieller Betreuung bedürfen, so brauchen sie doch nichts mehr als Liebe, Zuwendung und positive Rückmeldung. Es ist wichtig zu begreifen, dass Lernbehinderungen letztlich Lebensbehinderungen sind. Sie beeinträchtigen außer dem schulischen viele weitere Lebensbereiche. Die Talente und Fähigkeiten des Kindes und damit sein Selbstbewusstsein und positives Lebensgefühl zu fördern, diesen Vorsatz sollten alle Eltern beherzigen – erst recht, wenn ihr Kind eine Lernbehinderung aufweist.

Kindheitsdepression

Marlene war immer ein ganz besonders süßes Kind gewesen. Ihre Eltern berichteten einmütig, dass ihr Verhalten nie Anlass zu Kummer gegeben hatte. Marlene war gut in der Schule, respektvoll gegenüber Erwachsenen und hatte eine Reihe Freunde. Jetzt, im Alter von acht Jahren, erscheint sie wie ausgewechselt.

Seit einigen Monaten jammert sie häufig über die Schule. Immer schwerer kommt sie morgens aus dem Bett, ist reizbar und kurz angebunden, schnauzt die Eltern an und flucht leise vor sich hin, wenn sie im Haushalt zur Hand gehen soll. Sie ruft ihre Freundinnen seltener an, und wenn diese zu Besuch kommen, gibt es oft Zank. Marlene ist depressiv.

Die meisten Erwachsenen haben ein ungefähre Vorstellung davon, was es bedeutet, deprimiert, niedergeschlagen, schwermütig zu sein. Oftmals handelt es sich um eine ganz verständliche Reaktion auf ein Ereignis der jüngsten Vergangenheit. Es wäre zum Beispiel höchst ungewöhnlich, nach dem Tod eines geliebten Menschen für eine gewisse Zeit nicht depressive Symptome an den Tag zu legen.

Bei Erwachsenen können bedrückende Gefühle sich verstärken und, wenn sie anhalten, zu einer schweren Depression führen. Bei Erwachsenen spricht man von einer Depression, wenn sie über einen Zeitraum von mehreren Monaten mehrere der folgenden Symptome aufweisen:

- Desinteresse an Aktivitäten, die dem Betroffenenen normalerweise Freude bereiten
- Verstärkte Abkapselung
- Energietief oder Müdigkeit
- Konzentrationsschwäche und/oder Entscheidungsunfähigkeit
- Geringe Selbstachtung
- Appetitlosigkeit oder übersteigerte Essgelüste
- Schlaflosigkeit

- Gefühl der Hoffnungslosigkeit
- Anhaltende Gedanken über Sterben und Tod

Auch Kinder können in Depressionen stürzen. Allerdings sind Depressionen bei Kindern weit schwieriger zu diagnostizieren als bei Erwachsenen. Denn Kinder verfügen über begrenzte Möglichkeiten, ihre Gefühle in Worte zu kleiden. Daher drückt sich ihre Depression verstärkt im Verhalten aus.

Ein Kind, das an einer Depression leidet, ist also nicht unbedingt in der Lage, den Eltern seine Gefühle verbal klar darzulegen. Anzeichen wie verstärkte Zurückgezogenheit, veränderte Ess- oder Schlafgewohnheiten, gesteigerte Reizbarkeit, Lethargie und schulischer Leistungsabfall können verräterische Anhaltspunkte sein. Ein ernst zu nehmender Hinweis auf eine Kindheitsdepression liegt dann vor, wenn es zu einer deutlichen Verhaltensänderung kommt, die mehrere Wochen anhält.

Vergessen Sie aber nicht, dass alle Kinder, wie Erwachsene auch, ganz normalen Stimmungsschwankungen unterliegen. Schlechte Laune wegen einer miesen Woche in der Schule oder Trauer über den Tod des Meerschweinchens hat noch lange nichts mit einer Depression zu tun. Erst wenn eine ungute Verhaltensänderung länger andauert, mag der Verdacht geboten sein. Das Risiko einer klinischen Depression ist bei Kindern (wie Erwachsenen) übrigens höher, wenn eine familiäre Vorbelastung vorliegt.

Eltern, die obig beschriebene Veränderungen beobachten und befürchten, ihr Kind könnte an einer Depression leiden, sollten diesem Verdacht unbedingt nachgehen. Ein vorsichtiger erster Schritt kann darin bestehen, den Schulpsychologen oder die Lehrer zu fragen, ob sie Veränderungen im Verhalten oder bei den Leistungen des Kindes bemerkt haben. Vielleicht erhalten Sie eine ganz simple Erklärung, etwa dass der beste Freund Ihres Kindes plötzlich einen anderen Spielkameraden vorzieht. Möglicherweise aber geben auch den Lehrern ihre Beobachtungen zu denken.

Besorgte Eltern sollten in jedem Fall einen psychologisch geschulten Fachmann aufsuchen, der das Kind untersuchen kann. Wird eine Kindheitsdepression diagnostiziert, dann vermag eine Psychotherapie dem Kind zu helfen, sein Problem zu verarbeiten. In manchen Fällen helfen auch Medikamente.

Sind die depressiven Symptome einer Veränderung der Lebenssituation zuzuschreiben – dem Verlust eines geliebten Haustiers, dem Tod von Großeltern oder Fortzug eines guten Freundes –, dann können Eltern dem Kind sehr gut bei der Problemverarbeitung helfen. Einem Kind unter zehn Jahren kann es schwer fallen, seine Gefühle zu verbalisieren. Eltern können es ermuntern, dürfen es aber nicht zwingen, ihnen seine Gefühle mitzuteilen, indem sie erzählen, wie sie selbst in einer ähnlichen Situation gefühlt haben. Sie sollten dem Kind nicht vorschreiben, wie es zu fühlen hat, sondern ihm zu verstehen geben, dass jedes seiner Gefühle völlig normal ist und sie ihm gern Gehör schenken. Bei Trauer über Verlust mag es dem Kind helfen, mit ihm über seine positiven Erinnerungen an den Gegenstand seiner Trauer zu sprechen.

Eltern können ihr Kind ermuntern, dürfen es aber nicht zwingen, ihnen seine Gefühle mitzuteilen, indem sie erzählen, wie sie selbst in einer ähnlichen Situation gefühlt haben.

Kindheitsängste und Angstzustände

Alle Menschen kennen Furcht und Angstzustände. Tatsächlich ist Angst eine gesunde Reaktion, die uns hilft, gefährliche Situationen zu vermeiden. Angst wird dann zum Problem, wenn sie von Einbildungen gespeist wird und/oder unser normales, tägliches Funktionieren beeinträchtigt.

Bestimmte Ängste von Kindern werden bestimmten Entwicklungsstufen zugeordnet. Die folgende (unvollständige) Liste will einen Überblick über normale Ängste und das Alter, in dem sie aufzutreten pflegen, geben:

Alter	Angstursache
0–6 Monate	Laute Geräusche
6–9 Monate	Andere Erwachsene außer den Bezugspersonen, Fallen
2 Jahre	Donner, Ungeheuer, große Gegenstände (Autos, Züge etc.)
3 Jahre	Tiere, Dunkelheit, Alleinsein
4 Jahre	Große Tiere, Fortgehen der Eltern (am Abend oder zur Arbeit), Dunkelheit
5 Jahre	Dunkelheit, Fallen, Hunde
6 Jahre	Ungeheuer, Geister, Hexen, Einbrecher, jemand oder etwas unter dem Bett, Ärzte und Zahnärzte

Diese und ähnliche Ängste sind nicht ungewöhnlich und kein Anlass zur Sorge, wenn sie nicht wesentlich länger anhalten als üblich und/oder nicht dermaßen ausgeprägt sind, dass sie den Alltagsablauf dauerhaft stören. Meist entwächst ihnen das Kind. Die Eltern sollten das Kind gelassen beruhigen und dann an der üblichen Routine festhalten. Hat es zum Beispiel Angst vor Ungeheuern, sollten sie ihm nicht erlauben, länger aufzubleiben. Solches Abweichen von der Routine verstärkt lediglich die Angst und macht es noch schwerer, das Kind zu beruhigen (und abends ins Bett zu bringen!).

Einfache Phobie

Eine einfache Phobie hat ein spezifisches Objekt zum Gegenstand, oft Hunde, Schlangen oder Spinnen. Oder sie bezeichnet, wie die verbreitete Klaustrophobie, Höhen- und Flugangst, die Furcht vor einer spezifischen Situation. Als Phobie wird eine Furcht dann bezeichnet, wenn sie extreme Angstzustände verursacht und/oder das tägliche Funktionieren beeinträchtigt.

Schulphobie

Ein von Psychologen und anderen Fachleuten häufig festgestelltes, wenngleich nicht offiziell als Diagnose anerkanntes Phänomen ist die Schulphobie. Sie äußert sich darin, dass ein Kind sich hartnäckig sträubt, in die Schule zu gehen. Oft versucht es mit allen Mitteln, zu Hause zu bleiben, unter anderem durch Vortäuschen von Krankheiten, obwohl es körperlich kerngesund ist.

Behandlung von Phobien

Phobien lassen sich im Allgemeinen mit fachkundiger psychologischer Hilfe sehr gut behandeln. Meist wird das Kind zunächst über bildhaftes Arbeiten und anschließend in der Realität allmählich an die gefürchtete Situation oder das gefürchtete Objekt herangeführt. Auch hilft es, wenn das Kind lernt, einen positiveren, bestärkenderen inneren Monolog zu führen.

Unter innerem Monolog versteht man die Gespräche, die wir täglich unbewusst mit uns selbst führen. Diese innere Stimme flüstert »Oh, die Pizza ist aber heiß«, »Das ist ein schönes Auto« und vieles mehr. Sie meldet sich besonders laut dann, wenn wir ängstlich oder unsicher sind. »Ich kann unmöglich vor all diesen Leuten sprechen«, »Ich weiß, dass heute in der Schule wieder etwas Schlimmes passiert«, solche innere Monologe verstärken unsere Ängste eher, als dass sie uns ermutigen. Kindern beizubringen, wie sie ihrer inneren Stimme einen positiveren und beruhigenderen Klang geben können, hilft ihnen Ängste und Unsicherheiten im Zaum halten.

Angststörung

Diese Störung liegt vor, wenn ein Kind über einen längeren Zeitraum hinweg wiederkehrende unrealistische Ängste an den Tag legt, deren Gegenstand unterschiedlicher Art sein kann. Es kann sich um ein exzessives Bedürfnis nach Rückversicherung oder Perfektionismus, um Angst vor Zurückweisung oder übertriebene Sorgen über vergangene oder anstehende Ereignisse handeln. Eine Angststörung tritt am häufigsten auf, wenn Eltern die psychologische Tretmine gelegt haben, dass die Kinder hohe Leistungen erbringen müssen, um Anerkennung und Gefallen zu erwecken.

Zwangsstörung

Dieser Zustand ist eng mit der umfassenden Ängstlichkeit verbunden, die bei einer Angststörung vorliegt. Kinder, die an einer Zwangsstörung leiden, reagieren insgesamt ängstlicher auf bevorstehende und zurückliegende Ereignisse.

Ängstliche Kinder entwickeln nicht selten Rituale oder repetitive Verhaltensmuster wie Waschen, Zählen und unablässiges Wiederholen eines Singsangs, um ihre Angst zu mindern. Auch bei solchen Ritualen gilt: Sie können unproblematisch sein, solange sie das tägliche Funktionieren und Alltagsgeschehen nicht beeinträchtigen. Ist dies jedoch der Fall, sollten Eltern fachmännische Hilfe suchen.

Lassen Sie uns den Fall von Terry betrachten. Seine Mutter brachte ihn in meine Sprechstunde. Um das zehnte Lebensjahr begann Terry abends immer länger aufzubleiben. Er absolvierte ein ausgeklügeltes Ritual, ehe er ins Bett ging: den Reißverschluss der Schultasche 20-mal auf- und zuziehen, das Licht an- und ausschalten und kontrollieren, ob sich alle Gegenstände in seinem Zimmer an Ort und Stelle befanden. Mit elf Jahren war er so lange mit diesem Abendritual beschäftigt, dass seine schulischen Leistungen stark in Mitleidenschaft gezogen waren.

Nach einigen Wochen Therapie stellte sich heraus, dass Terry an der extremen Angst litt, zu versagen und Anforderungen nicht zu genügen. Seine Eltern waren beide sehr intelligent und gute Schüler gewesen. Nachdem Terry einmal einen Test in den Sand gesetzt hatte, weil er krank gewesen war und sich nicht hatte entsprechend vorbereiten können, fürchtete er sich unmäßig vor einer Wiederholung des Desasters. Wir erarbeiteten einige maßgeschneiderte Strategien für Terry und zeigten den Eltern, wie sie realistischere Erwartungen formulieren konnten. Heutzutage ist Terry ein zufriedener Einser- und Zweierkandidat.

Wie viele andere Kindheitsprobleme lassen Angststörungen sich vermeiden, wenn Eltern sich um offene Kommunikation mit dem Kind bemühen und ihm das sichere Gefühl vorbehaltloser Liebe vermitteln. Ein Kind muss wissen, dass seine Leistungen nichts damit zu tun haben, dass die Eltern es annehmen und lieben. Die gute Nachricht lautet: Von Angststörungen betroffene Kinder sprechen zumeist sehr gut auf fachkundige Behandlung an.

Wie viele andere Kindheitsprobleme lassen Angststörungen sich vermeiden, wenn Eltern sich um offene Kommunikation mit dem Kind bemühen und ihm das sichere Gefühl vorbehaltloser Liebe vermitteln.

Zusammenfassung

Es ist meine innige Hoffnung, dass Sie als Eltern mit keinem der in diesem Kapitel angesprochenen Probleme konfrontiert werden. Gefeit sind Sie nicht davor: Eine nicht unbedeutende Minderheit wird von einem oder mehreren dieser Leiden heimgesucht. Diese Kinder bedürfen spezieller Hilfe. Betroffene Eltern sollten sich unbedingt genau über das Problem des Kindes informieren. Je mehr sie über seinen Zustand wissen, umso besser können sie als sein Fürsprecher agieren.

Kinder, die an ADHS, Lernbehinderungen oder Angststörungen leiden, sind darauf angewiesen, dass die Eltern ihre Interessen vertreten. Die meisten Pädagogen und viele andere Experten wissen über die besonderen Bedürfnissen der Betroffenen zu wenig. Deshalb ist es Sache der Eltern, als Anwalt ihrer Kindern aufzutreten und Bezugspersonen über die speziellen Bedürfnisse ihres Kindes aufzuklären. Man kann es gar nicht genug betonen, wie wichtig es ist, den Beistand von Psychologen, Medizinern und Schule einzuholen und zu koordinieren. Als Eltern ist es Ihre Pflicht, die Fahne Ihres Kindes hochzuhalten!

Gedächtnisstützen

Achten Sie auf spezielle Bedürfnisse des Kindes!

1 Viele Kinder legen Verhaltensweisen und Launen an den Tag, die merkwürdig erscheinen mögen, aber durchaus normal und vorübergehend sind.

2 Eine Minderheit von Kindern zeigt andere Symptome, die Hilfe durch Psychologen, Mediziner und/oder Schule erfordern.

3 Eltern haben dann Anlass zur Sorge, wenn ein verdächtiges Verhalten längere Zeit anhält, von ungewöhnlicher Schwere ist oder das tägliche Funktionieren des Kindes beeinträchtigt.

4 Zu den Kindheitsstörungen, die Hilfe von Dritten erfordern, zählen:

- ✘ Aufmerksamkeitsdefizit/Hyperaktivitäts-Störung ADHS
- ✘ Lernbehinderungen
- ✘ Kindheitsdepression
- ✘ Angststörung
- ✘ Zwangsstörung
- ✘ Phobien

5 Benötigt ein Kind Rücksicht auf spezielle Bedürfnisse, müssen die Eltern als sein unermüdlicher Fürsprecher auftreten.

Selbsttest zu Regel Nummer 9

1 Bei bedenklichen Verhaltensweisen von Kindern handelt es sich in den meisten Fällen um .... Entwicklungsphasen.

- ❑ A: Normale
- ❑ B: Anormale

2 Eltern sollen sich über eine Verhaltensweise ernste Gedanken machen, wenn sie:

- ❑ A: Mit dem täglichen Funktionieren kollidiert.
- ❑ B: Über einen längeren Zeitraum anhält.
- ❑ C: Von ungewöhnlicher Intensität ist.
- ❑ D: Antworten A–C

3 Kinder mit .... haben Probleme mit dem Filtern von audiovisuellen Reizen und daher Mühe, sich zu konzentrieren.

- ❑ A: Aufmerksamkeitsdefizit/Hyperaktivitäts-Störung ADHS
- ❑ B: Lernbehinderung
- ❑ C: Kindheitsdepression
- ❑ D: Angststörung
- ❑ E: Phobien
- ❑ F: Zwangsstörung

4 Mattigkeit, Abkapselung, Schlafstörungen, geringe Selbstachtung und Interesselosigkeit an vergnüglichen Beschäftigungen zählen zu den Symptomen von:

- ❑ A: Aufmerksamkeitsdefizit/Hyperaktivitäts-Störung ADHS
- ❑ B: Lernbehinderung
- ❑ C: Kindheitsdepression
- ❑ D: Angststörung

- ❑ E: Phobien
- ❑ F: Zwangsstörung

5 Probleme bei der Rechts-Links-Differenzierung, beim räumlichen Sehen oder Formulieren von Begriffen zählen zu den Symptomen von:

- ❑ A: Aufmerksamkeitsdefizit/Hyperaktivitäts-Störung ADHS
- ❑ B: Lernbehinderung
- ❑ C: Kindheitsdepression
- ❑ D: Angststörung
- ❑ E: Phobien
- ❑ F: Zwangsstörung

6 Von .... betroffene Kinder leiden an anhaltenden realitätsfremden Ängsten vor spezifischen Objekten oder Situationen.

- ❑ A: Aufmerksamkeitsdefizit/Hyperaktivitäts-Störung ADHS
- ❑ B: Lernbehinderung
- ❑ C: Kindheitsdepression
- ❑ D: Angststörung
- ❑ E: Phobien
- ❑ F: Zwangsstörung

7 Von .... betroffene Kinder bedienen sich unterschiedlichster Rituale, um ihre Angst zu reduzieren.

- ❑ A: Aufmerksamkeitsdefizit/Hyperaktivitäts-Störung ADHS
- ❑ B: Lernbehinderung
- ❑ C: Kindheitsdepression
- ❑ D: Angststörung
- ❑ E: Phobien
- ❑ F: Zwangsstörung

8 Von .... betroffene Kinder leiden an starken Ängsten wegen vergangener oder anstehender Ereignisse.

- ❑ A: Aufmerksamkeitsdefizit/Hyperaktivitäts-Störung ADHS
- ❑ B: Lernbehinderung
- ❑ C: Kindheitsdepression
- ❑ D: Angststörung
- ❑ E: Phobien
- ❑ F: Zwangsstörung

Auflösung des Tests zu Regel Nummer 9:

1 Bei bedenklichen Verhaltensweisen von Kindern handelt es sich in den meisten Fällen um .... Entwicklungsphasen.

Antwort A: Viele auffällige Verhaltensweisen von Kindern sind an Situationen und Entwicklungsphasen gebunden und benötigen kein spezielles Eingreifen.

2 Eltern sollen sich über eine Verhaltensweise ernste Gedanken machen, wenn sie:

Antwort D: Eltern sollten sich genauer informieren oder Hilfe von Dritten suchen, wenn einer oder mehrere dieser Zustände vorliegen.

3 Kinder mit .... haben Probleme mit dem Filtern von audiovisuellen Reizen und daher Mühe, sich zu konzentrieren.

Antwort A: Die Aufmerksamkeitsdefizit/Hyperaktivitäts-Störung kann mit Hyperaktivität einhergehen, muss es aber nicht. Sie kann sich auch »nur« in Aufmerksamkeits- und Konzentrationsschwäche äußern; diese Beeinträchtigung wiegt im schulischen Zusammenhang besonders schwer.

4 Mattigkeit, Abkapselung, Schlafstörungen, geringe Selbstachtung und Interesselosigkeit an vergnüglichen Beschäftigungen zählen zu den Symptomen von:

Antwort C: Es ist wichtig, dass Eltern diese Symptome erkennen, weil es Kindern schwer fällt, ihre Gefühle in Worten auszudrücken.

5 Probleme bei der Rechts-Links-Differenzierung, beim räumlichen Sehen oder Formulieren von Begriffen zählen zu den Symptomen von:

Antwort B: Lernbehinderungen können sich nachhaltig auf Lernerfolg und Selbstachtung eines Kindes auswirken.

6 Von .... betroffene Kinder leiden an anhaltenden realitätsfremden Ängsten vor spezifischen Objekten oder Situationen.

Antwort E: Phobien können viele auslösende Reize haben, darunter Insekten, Schule, Reisen, Fliegen oder Trennung von den Eltern.

7 Von .... betroffene Kinder bedienen sich unterschiedlichster Rituale, um ihre Angst zu reduzieren.

Antwort F: Einige Rituale sind bei kleinen Kindern normal und werden erst dann problematisch, wenn sie das tägliche Funktionieren des Kindes beeinträchtigen.

8 Von .... betroffene Kinder leiden an starken Ängsten wegen vergangener oder anstehender Ereignisse.

Antwort D: Ein Kind, das an einer Angststörung leidet, fürchtet sich häufig und ist sehr angespannt.

Regel Nummer 10

Vergessen Sie über allem nicht den Spaß

Wir Erwachsenen vergessen oft, wie es war, ein Kind zu sein. Über der alltäglichen Tretmühle des Geldverdienens, der Hypothekenzahlungen und der Kindererziehung vergessen wir, dass unsere Kinder uns auch etwas beizubringen haben. Wenn wir dafür empfänglich und präsent sind, können Kinder uns die Freuden und Wunder des Lebens zeigen, die wir mehr oder minder vernachlässigt haben. Sie können uns in Erinnerung bringen, wie man den Augenblick lebt.

Kinder erfahren ihr Leben mit einer bewundernswerten Unmittelbarkeit. Sie denken selten darüber nach, was vor einem Monat geschehen ist und was sich nächste Woche ereignen könnte. Sie verbringen jeden Tag damit, die Welt durch Sehen, Hören, Anfassen, Riechen und Fantasie zu erkunden. Ihre Welt ist voll von Wundern, Zauber, Staunen und dem Vertrauen darauf, dass alles möglich ist.

Die wirklich glücklichen Menschen, die ich in meinem Leben getroffen habe, waren Menschen, die aktiv versucht haben, ihre kindlichen Qualitäten nicht zu verlieren. Trotz aller Verpflichtungen, Fakten, Regeln und Moralvorstellungen, die das Leben einem aufbürdet, haben sie sich bemüht, sich die Freude am Leben nicht nehmen zu lassen.

In meinem Beruf kann man sich erschreckend schnell von dem Ausmaß und der Vielfalt der menschlichen Probleme desillusionieren lassen. Meine Tochter ist es, die mich davor bewahrt und mir ungezählte Male schon durch ihre spielerische, freudige Lebenslust gezeigt hat, wie schön es ist, den Augenblick zu genießen. Was auch immer auf mir lasten mag, es löst sich im Nu in Nichts auf, wenn ich Lindsey beobachte, wie sie Schmetterlinge fängt oder auf einen Baum klettert. Der Glanz in ihren Augen, wenn sie eine neue Geschichte hört, und ihr wonniges Juchzen bei einer Karusselfahrt, sie versetzen mich augenblicklich in ihre Welt, die erfüllt ist von starken Gefühlen, von ständiger Bewegung und Verzauberung.

Lindsey und ich fragen uns immer wieder lachend, wer von uns beiden nun eigentlich das Kind ist. Sie und andere Kinder, mit denen ich gearbeitet haben, haben mir geholfen, das Kind in mir wieder zu entdecken. Und dafür bin ich ihnen unendlich dankbar!

Außer Unabhängigkeit und Verantwortlichkeit müssen Eltern unbedingt auch die natürliche Neigung des Kindes am Spielen, Entdecken und Staunen fördern.

Ich meine, dass Eltern außer Unabhängigkeit und Verantwortlichkeit unbedingt auch die natürliche Neigung des Kindes am Spielen, Entdecken und Staunen fördern müssen. Und wie können Sie Ihrem Kind besser Wertschätzung für diese herrliche Fähigkeit einflößen als dadurch, dass Sie an seinem Spaß teilhaben? Lindsey erzählt heute noch von den Fantasiereisen, die wir in unserem Privatjet unternommen haben (mit ihrem Bett als Flugzeug und einer Frisbee-Scheibe als Steuerknüppel), und von dem Schloss (gebaut aus Decken, die wir über das Bett und einen Stuhl legten), in dem wir viele verregnete Abende verbracht haben. In solche Fantasiespiele versinken wir mit der Freude am Abenteuer einer gemeinsamen Odyssee. Lindsey hat mir beigebracht, wieder ein Kind zu sein, und ich ihr, dass es vergnüglich und spannend sein kann, ein verantwortungsbewusster Erwachsener zu sein.

Wer seinem Kind beibringt, jeden Tag zu lieben und zu genießen, wappnet es besser gegen eine Vielzahl künftiger Probleme. Forschungen haben belegt, dass Erwachsene, die das Leben mit Humor nehmen, gesünder sind. Ihr Immunsystem ist widerstandsfähiger, folglich werden sie seltener krank und genesen schneller. Hat ein Kind gelernt, über sich selbst zu lachen, wird es besser mit den unvermeidlichen Rückschlägen des Lebens zurechtkommen. Es wird weniger zu Depressionen, Ängsten und zwanghaften Verhaltensweisen neigen, sondern stärker in sich ruhen und glücklicher und zufriedener sein.

Eltern müssen die Kunst beherrschen, zusammen mit dem Kind den Moment zu erleben. Sie machen es sich zu leicht, wenn sie mit ihm zwar etwas gemeinsam tun, aber dabei an ihre Arbeit denken und daran, dass sie endlich den Rasen mähen müssten. Vergessen Sie nicht: Kinder lernen weit mehr aus Ihrem Verhalten als aus Ihren Worten.

Den Moment zu leben bedeutet, dass man jede Minute mit jeder Faser seines Herzens erlebt. Es bedeutet, dass man an allem, was der Augenblick bringt, auch an den kleinen Dingen, Freude findet. Ein Kind kann diese Lehre fürs Leben sehr früh lernen. Wenn es sieht, dass Sie abgelenkt und abwesend sind, dann lernt es, dass das Hier und Jetzt nicht sehr wichtig oder bloß eine Phase ist, die man erträgt. Erfährt es hingegen, dass Sie am Erleben aktiv und mit innerlichem Engagement Anteil nehmen, dann wird es lernen, den Augenblick bewusst wahrzunehmen. Und Sie können mit einem fröhlicheren, zufriedeneren und begeisterungsfähigen Kind rechnen.

Selbst die alltäglichsten Dinge bieten Möglichkeit für Spiel, Spaß und Spannung. Aufgaben in Spiele zu verwandeln oder zu singen, während Sie die Terrasse fegen, kann Ihr Kind lehren, im Hier und Jetzt zu leben. Diese Fähigkeit hilft ihm, mit sich zufriedener zu sein, anstatt stets darauf zu spekulieren, dass etwas Besseres eintritt. Lehren Sie Ihr Kind den Augenblick lieben, und Sie werden entdecken, dass es fröhlicher wird und gesünder. Abgesehen davon macht Kindererziehung mit dieser Lebenshaltung sehr viel mehr Spaß!

Ich hoffe, dass Sie durch dieses Buch einige Erkenntnisse gewinnen. Die erste lautet: Eltern sein ist kein passiver Zustand, sondern eine Tätigkeit. Diese Aufgabe sollte auf Ihrer Prioritätenliste an oberster Stelle stehen. Kinder gut erziehen bedeutet, dass man aktiv am Leben der Kinder teilnimmt. Dabei ist zu beachten, dass fast alles, was wir (bewusst wie unbewusst) tun, sich nachhaltig auf unsere Kinder auswirkt. Nochmals: Eltern sein ist eine Tätigkeit!

Wenn Sie sich entschlossen haben, Ihre Elternrolle aktiv zu spielen, dann steht Ihnen die bereicherndste Erfahrung Ihres Lebens bevor. Ich kenne viele Menschen, die über ihre Jobs, ihre Ehen und ihre Kinder klagen. Aber noch nie habe ich von Eltern gehört, die Kinder aktiv aufgezogen haben, dass sie diese Erfahrung missen möchten. Meistens lernen wir von unseren Kindern ebenso viel wie sie von uns.

Wenn Sie sich entschlossen haben, Ihre Elternrolle aktiv zu spielen, dann steht Ihnen die bereicherndste Erfahrung Ihres Lebens bevor.

Die Rolle der Eltern entspricht von Anbeginn und für lange Zeit der von Lehrern. Kindern vorbehaltlose Liebe zu schenken, psychologische Tretminen zu vermeiden und offen mit ihnen zu kooperieren und zu kommunizieren, dies sind tägliche Übungen in positiver Unterweisung. Auch das Durchsetzen von Konsequenzen und Arbeiten mit Anreizen erteilt unseren Kinder wertvollen Aufschluss darüber, wie die Welt funktioniert.

Je älter unsere Kinder werden, desto mehr entziehen sie sich unserem unmittelbaren Einfluss. Als natürliche Folge davon wandelt sich unsere Rolle: An die Stelle des Lehrers tritt der Berater in Lebensfragen. Kluge Eltern erkennen dies rechtzeitig und versuchen, als Wegweiser und Halt zur Verfügung zu stehen, wenn die jugendlichen Kinder Mühe haben, sich zu verantwortungsvollen und unabhängigen Erwachsenen zu entwickeln. Bei diesem Prozess erweisen sich offene Kommunikation, reflektierendes Zuhören und gemeinschaftliches Problemlösen als die wertvollsten Werkzeuge der Eltern.

ZUM ABSCHLUSS DIE ALLERWICHTIGSTEN REGELN:

1. Erklären Sie das Elternsein zu Ihrer obersten Priorität.

2. Nehmen Sie aktiv am Leben Ihres Kindes teil.

3. Lehren Sie positive Lektionen in Wort und Tat.

4. Lernen Sie von Ihrem Kind.

5. Haben Sie viel Spaß!

Selbsttest zu Regel Nummer 10

1 Kinder empfinden intensiv:

- ❑ A: Den Augenblick.
- ❑ B: Das Gefühl: »Das ist mir nichts Neues.«
- ❑ C: Gefühle von Trägheit.

2 Allzu oft werden Eltern von ihren Alltagssorgen aufgefressen und vergessen darüber, dass Kinder erziehen:

- ❑ A: Ermüdend ist.
- ❑ B: Teuer ist.
- ❑ C: Spaß macht.

3 Die angemessene Rolle von Eltern ist die:

- ❑ A: Des Chefs
- ❑ B: Eines Lehrers
- ❑ C: Eines Talkshow-Moderators

Auflösung zu Regel Nummer 10:

1 Kinder empfinden intensiv:

Antwort A: Kinder haben die herrliche Begabung, den Augenblick intensiv zu erleben und zu genießen. Eltern können in dieser Hinsicht viel von ihnen lernen.

2 Allzu oft werden Eltern von ihren Alltagssorgen aufgefressen und vergessen darüber, dass Kinder erziehen:

Antwort C: Eltern, die die Erziehung ihrer Kinder zur Hauptsache erklärt haben und die die Fähigkeit besitzen, mit ihren Kindern im Augenblick zu leben, erleben das Heranwachsen ihrer Kinder als viel bereichernder als solche Eltern, die eine passive Haltung einnehmen.

3 Die angemessene Rolle von Eltern ist die:

Antwort B: Oberstes Ziel sollte es sein, die Kinder zu unabhängigen, verantwortungsvollen und glücklichen Erwachsenen zu erziehen.

Register

L

M

N

O

P

R

V

W

Z

Steve Biddulphs aktueller Longseller:

Das Geheimnis glücklicher Kinder

Dieser in seiner Art einmalige Elternratgeber stellt psychologische Sachverhalte so klar und verständlich dar wie nie zuvor. Eltern haben tatsächlich praktische Handlungsanleitungen, wie sie mit ihrem Nachwuchs wieder fröhlicher, konfliktfreier und entspannter umgehen können. Sie erfahren, was wirklich in den Köpfen der Kinder vor sich geht – und wie man am besten darauf reagiert.

Süddeutscher Rundfunk

»Der beste Erziehungsratgeber seit langem. Ein wunderbares Buch für ›Praktiker‹, dem es gelingt, mit ›Aha‹-Erlebnissen bei der Lektüre wirklich weiterzuhelfen.«

Saarländischer Rundfunk

»Wenn Sie dieses Buch mit seinen gut strukturierten Kapiteln lesen, werden Sie buchstäblich die stützende Hand auf Ihrer Schulter spüren.«

199 S. 77 farbige Ill. Pb. 15 x 23 cm DM 26,80, sFr 25,-, öS 196,- ISBN 3-89530-000-4

Steve Biddulphs Folgeband zu

Das Geheimnis glücklicher Kinder

gibt Antwort auf zwei der drängensten Fragen heutiger Erziehung:

Wie können Eltern lernen, Disziplin und Gehorsam von ihren Kindern zu fordern, ohne auf physische Gewalt oder Einschüchterungen zurückzugreifen?

Wie können Eltern ermuntert werden, ihre Kinder selbst zu erziehen und die Aufgabe nicht anderen Personen zu überlassen?

In diesem Ratgeber macht Steve Biddulph verblüffenderweise klar, dass Eltern Disziplin nur erfolgreich einfordern werden, wenn sie ihren Kindern sowohl »sanfte« als auch »standfeste Liebe« entgegenbringen. Und die Biddulphsche »Strafmaßnahme« »Stillstehen und Nachdenken« zeigt, dass Gehorsam ein Lernziel hat – nämlich das Kind zur eigenständigen Verhaltenssteuerung anzuregen.
Neben so ungewöhnlichen Vorschlägen wie Gehälter für Eltern stellt Steve Biddulph auch seine Position zur Fremdbetreuung von Babys und Kleinstkindern zur Diskussion: Kinder bis drei Jahre sollten nur wenn unbedingt notwendig, nicht dauerhaft, von Erwachsenen betreut werden, die keine emotionale Bindung zu dem Kind aufgebaut haben.

208 S. 50 farbige Ill. Pb. 15 x 23 cm DM 26,80 sFr 25,- öS 196,- ISBN 3-89530-020-9

Speulhof/Lehmann

Heilende Geschichten

Wenn Erwachsene mit ihrem Erziehungslatein am Ende sind, dann bedarf es oftmals einer anderen Sprache: der des Geschichtenerzählens.

Denn Kinder lieben Geschichten über alles, klingt in ihnen doch eine Kunst an, die so alt ist wie die Menschheit selbst.

Dieses Buch enthält Geschichten zum Vorlesen oder Nacherzählen und Geschichten, für die jedes Mal ein anderer Fortgang gesucht wird.

Die Autoren Barbara van den Speulhof und Fréderic Lehmann sind beide erfahrene Pädagogen und Kommunikationstrainer. Sie zeigen in erfrischend klarer Weise, wie Sprache auf Kinder wirkt und wie sie hilfreich in Form von Geschichten oder Metaphern eingesetzt werden kann.

In diesem Buch dient der erhobene Zeigefinger nur dazu, auf den leuchtenden Sternenhimmel oder die gen Süden fliegenden Kraniche zu zeigen.

Doch das ist ja schon der Anfang einer neuen Geschichte ...

160 S. 35 vierfarb. Fotos Pb. 15 x 23 cm DM 26,80 sFr 25,- öS 196,- ISBN 3-89530-024-1

David Haslam

Jedes Kind will essen

Die heutigen Eltern stehen heute vielfach hilflos im Sperrfeuer der von den großen Lebensmittelkonzernen auf allen Kanälen losgelassenen Werbefeldzüge einerseits und den vorwurfsvollen Blicken der Müsli- und Jogurt-Fraktion auf der anderen Seite.

Dieses Buch hat das Ziel, die häufigsten Ernährungs- und Essprobleme anzusprechen, mit denen Eltern konfrontiert werden – und praktikable Lösungen zu bieten.

- Was ist unter guter Ernährung zu verstehen?
- Wodurch zeichnet sich die gelungene Entwicklung eines Kindes aus?
- Wie gehe ich mit Nahrungsverweigerung um?
- Wann nimmt man die einzelnen Mahlzeiten am besten zu sich?
- Welche Bedeutung haben Tischmanieren?

Übergewicht, auswärts essen, Bauchweh, Modelebensmittel, Lebensmittelallergien u.v.m.

232 S. 47 s/w Ill. Pb. 15 x 23 cm DM 26,80 sFr 25,- öS 196,- ISBN 3-89530-032-2

Steve Biddulph

Jungen! Wie sie glücklich heranwachsen

Die Original-Ausgabe dieses bahnbrechenden Ratgebers bleibt langfristig weiterhin lieferbar. Wie das nebenstehende Buch eignet es sich hervorragend als hochwertiger Geschenkband. Die farbige Gestaltung erhöht zudem die Übersichtlichkeit und Lesbarkeit.

Jungen bis 18 Jahre sind statistisch dreimal häufiger als Mädchen in Gefahr, sich lebensgefährlich zu verletzen. Nur noch 45 % aller Studenten und 43 % aller Hauptschulabgänger ohne Abschluss sind Jungen. 80 % aller Schüler mit Verhaltensauffälligkeiten oder Lernschwierigkeiten sind Jungen – die Zahlen sprechen für sich.

Unsere Jungen brauchen Hilfe

tz, München

»Ein Buch, von dem sich Erwachsene wünschen, ihre Eltern hätten es gelesen.«

Mitteilungen Freie Waldorfschule, Augsburg

»Dieses mit viel Begeisterung geschriebene und mit vielen Ratschlägen und Hinweisen versehene Buch kann ich sehr empfehlen.«

235 S. 45 farb. Ill. 25 zweif. Fotos Pb. 15 x 23 cm DM 26,80 sFr 25,- öS 196,-
ISBN 3-89530-019-5

Howard Chilton

Das praktische Baby-Buch

Das Baby ist da – und nun?

Stillen oder Flasche? Impfen oder nicht impfen? Hilfe, mein Kind schreit ohne Unterlass! Kurz und klar, humorvoll und Anteil nehmend wie ein vertrauter Familiendoktor, räumt das Buch in einer durch ansprechende Illustrationen aufgelockterten Form mit den Ammenmärchen und Ratschlägen auf, die von allen Seiten auf die neuen Eltern einprasseln.

Auf eine mehr als 25-jährige Erfahrung als Kinderarzt und Chef der Neonatologie mehrerer renommierter australischer Kliniken bauend spricht Dr. Chilton umfassend alle wichtigen Themen an, die junge Eltern nach dem Verlassen der Geburtsklinik beschäftigen: Richtiges Stillen, Flaschenkinder, Wochenbettdepression, Impfschutz, Kinderkrankheiten, Beschneidung, Koliken und kleine Schreihälse und vieles mehr. Dr. Chiltons Rat an alle Mütter: »Es gibt nur Sie und Ihr Baby, eine einzigartige Kombination, und dies ist Ihr allererster Versuch.«

236 S. 46 farbige Ill. Pb. 15 x 23 cm DM 26,80 sFr 25,- öS 196,- ISBN 3-89530-027-6

Wolfgang Bergmann

Computer machen Kinder schlau

In diesem sowohl praktischen als auch faszinierenden Buch stellt der bekannte Psychologe und Autor Wolfgang Bergmann Eltern und Erziehern seine neuesten Forschungen über den Einfluss vor, den der Computer auf die lern- und verhaltenspsychologischen Prozesse bei Grundschulkindern und Jugendlichen hat. Seine Erkenntnisse könnten bestehende Systeme der Qualifizierung und Therapie von Lern- und Verhaltensstörungen völlig verändern.

Die Kinder von heute erfahren den Computer ganz selbstverständlich als Teil ihrer Umwelt. Der Einfluss von Spiel- und Lernsoftware auf die kognitiven und emotionalen Prozesse von Kindern ist indes noch weitgehend unerforscht.. Wolfgang Bergmann hat in seiner Praxis erste Erfahrungen gesammelt und kommt zu überraschend positiven Ergebnissen. In diesem Ratgeber beurteilt der Autor die neueste Software und wichtigsten Hersteller und gibt Eltern und Erziehern Hinweise, wie diese am besten und in welcher Dosierung von den Kindern gespielt/benützt werden sollte. Zugleich macht er Angaben, welche Software bei welchen Störungen – z.B. Legasthenie oder Hyperaktivität – therapieergänzend einsetzbar ist.

240 S. 4farbige Abb. u. Ill. Pb. 15 x 23 cm DM 26,80 sFr 25,- öS 196,- ISBN 3-89530-036-5

Reidunn Stuedahl

Ein Glück, daß es Oma und Opa gibt

Die norwegische Psychotherapeutin und Pädagogin Reidunn Stuedahl, selbst seit kurzem Großmutter, schildert, eingebettet in viele Geschichten und Zitate, was Nähe und vertrauter Umgang für beide Seiten bewirken können. Frei von Erziehungspflichten können die Großeltern das Beisammensein mit den Enkeln genießen und ihnen helfen, ihren eigenen Weg auch in Problemlagen zu finden.

Die Beziehung zwischen Großeltern und Enkelkindern ist für beide Teile von viel größerer Bedeutung als gemeinhin angenommen wird. Großeltern sind nicht nur willkommene Babysitter und Helfer bei Elternüberlastung. Dieses Buch zeigt auf, dass es auch eine eigenständige Beziehung zwischen Oma, Opa und den Enkeln gibt. Für beider seelischen Haushalt spielt der andere eine lebensnotwendige Rolle. Besonders illustrieren dies Passagen, die beschreiben, wie Kinder und Großeltern unter dem Abbruch der Beziehungen leiden, was Großeltern für Kinder geschiedener Eltern bedeuten – und wie es Großeltern trifft, wenn sie ihre Enkel und Enkelinnen nie zu Gesicht bekommen haben (z.B. weil nicht das eigene Kind das Sorgerecht erhielt).

224 S. 28 farb. Ill. 15 farb. Fotos Pb. 15 x 23 cm DM 26,80 sFr 25,- öS 196,-
ISBN 3-89530-029-2

Clark/Ireland

Sprechen lernen – lernen durch Sprechen

Ein humorvolles, von Kerry Millard treffend illustriertes Buch voller Sprachvergnügen – und ein Lesespaß für jeden, für den Sprache mehr als nur funktionelle Kommunikation ist.

Das Buch beruht auf der Erkenntnis, dass die Art und Weise, wie das Sprechen erlernt wird, maßgeblich die künftigen sozialen und schulischen Perspektiven eines Kindes beeinflusst. Auf unterhaltsame Weise lernt der Leser, den Nachwuchs zu verstehen, und erhält zahlreiche Tipps für die richtige Förderung des Spracherwerbs. Nebenbei erfährt er auch viel über die eigenen Sprechgewohnheiten.

Die langjährige Erfahrung der Autorinnen Linda Clark und Catherine Ireland kommt heute nicht nur ihren Patienten zugute. Sie geben auch Kurse für Eltern, die den Spracherwerb ihrer Kinder fördern wollen, und organisieren Seminare zu diesem Thema.

184 S. 28 farbige Ill. Pb. 15 x 23 cm DM 24,80 sFr 23,- öS 181,- ISBN 3-89530-005-5

Crotti/Magni

Die geheime Sprache der Kinder

»Kinderzeichnungen können als einfache motorische Aktivität betrachtet werden, sie erlauben jedoch auch einen tiefen Einblick in die Seele des Kindes. Die Seele des Kindes ist nicht etwa ein ›unbeschriebenes Blatt‹, sondern vielmehr ein ›Aufnehmer‹ des Lebens und zugleich ein vorzüglicher Beobachter der Wirklichkeit, in der das Kind lebt.«

Dieses für Eltern, Lehrer, Kinderärzte und Psychologen geschriebene Buch bietet eine konkrete Möglichkeit, die Bildersprache der Kinder kennen zu lernen und die mit Farbe und Malstil ausgedrückten Botschaften zu interpretieren. Eine Vielzahl von farbigen Zeichnungen wird von leicht verständlichen und sehr aufschlussreichen psychologischen Kommentaren erläutert.

Evi Crotti, diplomierte Psychologin, Pädagogin und Journalistin, hat 1975 die »Scuola di Grafologia« in Mailand gegründet. Als Spezialistin in Komunikationsprozessen gilt ihr besonderes Augenmerk der Entwicklungspsychologie.

Alberto Magni, Facharzt für Chirurgie und Psychotherapeut, befasst sich seit Jahren mit Fragen der Grafologie und Bildersprache.

224 S. 118 vierfarbige Ill. Pb. 15 x 23 cm DM 26,80 sFr 25,- öS 196,- ISBN 3-89530-022-5

Bernd Göttlicher/Monika Pilger

Kinder am Computer

Mit diesem Buch erhält der Leser eine leicht verständliche Anleitung, die es nicht nur dem Computerfreak ermöglicht, Kindern pädagogische Inhalte spielerisch zu vermitteln. Um die zahlreichen Vorschläge, die das Buch liefert, praktisch umzusetzen, genügen ein PC oder Macintosh mit aktuellem Betriebssystem.

Neue Westfälische
»Das Besondere dieses Buches ist der Versuch, im Gegensatz zu anderen Elternratgebern vor allem praktische Anleitungen an die Hand zu geben. Dass das Autorenteam dabei auch Tipps für Babys und Kleinkinder vorstellt, ist bemerkenswert.«

218 S. 38 farbige Ill. Pb. 15 x 23 cm DM 24,80 sFr 23,- öS 181,- ISBN 3-89530-006-3

Colin Webb/Wynne Rowe

Kinder entdecken den Computer

Bildzeitung
»Mit diesem Elternratgeber sind Sie ganz schnell beim Thema und können bestimmen, welche Hard- und Software im Kinderzimmer künftig stehen soll.«

Süddeutsche Zeitung
»Hier erfahren Sie alles über den Computer, was Sie schon immer wissen wollten, aber Ihre Kinder nie zu fragen wagten ... mit Richtlinien, in welcher Dosierung und mit welchen Inhalten Eltern altersgerechtes Computerwissen vermitteln können.«

224 S. 38 farbige Ill. DM 24,80 sFr 23,- öS 181,- ISBN 3-89530-010-1

Jean Robb/Hilary Letts

Clevere Kids ...

Kinder können selbstständig ihre Fähigkeiten und Freude am Lernen entdecken. Leicht verständlich und ohne lernspychologisches Kauderwelsch zeigt dieser Ratgeber, wie Kinder ihre Lernhemmungen abbauen und ihre Lust am Lernen steigern können. Zahlreiche Spielvorschläge und Schaukästen machen es dem Leser leicht, die Ideen pädagogisch sinnvoll und mit Spaß für Jung und Alt umzusetzen. Ein Buch, das Eltern und Kinder ermuntert, Selbstvertrauen zu wagen: Erfolge können kinderleicht sein.

Jean Robb ist in Australien Millionen von Zuhörern bekannt: als Moderatorin einer Rundfunksendung, die täglich Fragen zur Kindererziehung und Schule beantwortet. 1990 gründete sie gemeinsam mit der Logopädin Hilary Letts die Stiftung Successful Learning.

216 S. 42 s/w Ill. DM 24,80 sFr 23,- öS 181,- ISBN 3-89530-017-9

Alan Train

»Ablachen Fertigmachen Draufstiefeln«

Der Autor entwirft ein hellsichtiges Bild vom Problem und schlägt Antworten und Lösungen vor, die das Phänomen erfrischend unkonventionell und vielschichtig angehen. Gewalttätige Kinder, so Alan Train, brauchen – ebenso wie ihre Opfer – Hilfe. Train beleuchtet die Dynamik in der Familie und gibt aus seiner langjährigen Erfahrung praktische Ratschläge, wo möglicherweise Ursachen für die Gewalttätigkeit liegen.

200 S. 25 s/w Ill. DM 24,80 sFr 23,- öS 181,- ISBN 3-89530-016-0